EL TRABAJO CON DOS-TU:
CÓMO TRABAJAR CON EL SELF EN CONFLICTO

Bea Mackay, Ph.D.

Dedicatoria

A mi madre, cuya ambición vicaria me ayudó a lograr más de lo que pude haber soñado que fuera posible.

Agradecimientos

Que un libro sea publicado no es labor de una sola persona, así que quiero agradecer:

A todos mis alumnos por pedirme que escribiera lo que les estaba enseñando.

A mis colegas, quienes leyeron los borradores del manuscrito y me animaron a continuar, particularmente a Nancy Bristol, Bud Feder, Jack Aylward, Brian O'Neill, Eva Discasmirro, Barbara Partridge, Jacqui Lichtenstern, y Celia McNab.

Mis colegas que escribieron los testimoniales que apoyan mis esfuerzos. A toda mi familia y amigos por su apoyo y motivación. Aprecio su emoción por mí.

A mi editora, Tara Seel, quien me ayudó a darle forma a este material y me guió a lo largo del proceso. Sus sugerencias, su consejo y su experiencia me facilitaron el camino. Ella fue mucho más allá debido al breve plazo que tenía.

Gerda Wever por hacer mi libro una realidad.

Índice

Prólogo:

¡Por fin, aquí está! Desde hace muchos años, he querido escribir un manual sobre cómo trabajar con múltiples aspectos del self. Usado de manera efectiva y apropiada, el Trabajo con Dos-Tús (también conocido como la Técnica de las Dos-Sillas) constituye una manera muy potente de trabajar con clientes que están experimentando un conflicto interno. Quiero compartir mi conocimiento con terapeutas y con quienes se encuentran en profesiones de ayuda, que quieran añadir más herramientas a su caja de herramientas terapéuticas. El conflicto interno surge frecuentemente en terapia. El Trabajo con Dos-Tús es una manera específica de trabajar en terapia cuando los clientes experimentan conflicto interno. Este manual es para terapeutas que quieran aprender cómo trabajar con múltiples aspectos del self que están en conflicto (o desconectados), y para quienes ya trabajan de esta manera y desean ser aún mejores en lo que hacen. Varios años después de haberme certificado en el Instituto de Entrenamiento Experiencial Gestalt (GETI por sus siglas en inglés) en Vancouver, Canadá, me volví catedrática del Instituto. Por muchos años, impartí varios módulos del programa. El módulo que me gustaba especialmente enseñar era el de la Técnica de las Dos-Sillas. Yo he impartido (y continúo impartiendo) talleres sobre la Técnica de las Dos-Sillas y sobre otros aspectos de la Terapia Gestalt en Canadá, Australia, EEUU, y Europa. En los talleres y en las sesiones de entrenamiento que imparto, participantes y alumnos me preguntan constantemente si he escrito algo acerca de lo que enseño. Hasta este momento, he tenido que decir que no. Las peticiones de participantes y alumnos han constituido un fuerte motivador para poner por escrito aquello que enseño. Esta intervención es conocida por distintos nombres -La Técnica de las Dos-Sillas es el más común. También ha sido llamado "Experimento de las Dos Sillas", "Representación de Dos Sillas", y "Diálogo de Dos Sillas". Cuando esta intervención es empleada para trabajar asuntos inconclusos con una persona u objeto significativo, se llama la Técnica de la Silla Vacía. En un taller al que asistí, escuché que se referían a ella como la "Silla Vacante". Cuando Fritz Perls, uno de los fundadores de la Terapia Gestalt, desarrolló esta intervención, se refería a ella como "perro de arriba/perro de abajo", y cuando trabajaban con él de esta manera, se hacía referencia a la posición del cliente como la "silla caliente".

"Trabajo con Dos-Tús" es el término que yo utilizo. La razón por la cual no uso la palabra "silla" en el título es porque este trabajo no se trata de sillas; se trata de aspectos del self, distintos aspectos del tú, de la persona, que están en conflicto, divididos, desconectados, atribuidos a alguien o a algo más. Los aspectos del self pueden ser emocionales, físicos, mentales o espirituales. Los aspectos del self que se encuentran en oposición podrían ser una mano que frota la garganta. Un aspecto del self podría estar en el piso mientras otro aspecto del self se pone por encima de él. Un aspecto del self podría estar sentado en una silla mientras el otro aspecto del self se para detrás de él, o "en su hombro", susurrándole al oído. Un aspecto del self podría ser una cabra de un sueño, sobre un risco, viendo hacia abajo a otros aspectos del self y a otras personas. Aunque muchas veces el cliente lleva a cabo este trabajo cambiándose de una silla a otra, pensarlo de esta manera limita el trabajo. Los consejeros y los terapeutas frecuentemente pierden la oportunidad de profundizar el trabajo (por ejemplo, haciendo que una parte del self se ponga de pie mientras la otra parte del self se sienta en el piso) porque lo conciben como algo que se hace sentándose en sillas. Entonces, los clientes también se lo pierden. Además, sentados en sillas, los clientes encuentran más difícil hacer la transición de hablar acerca de sus sentimientos a experimentar sus sentimientos. Aún cuando existen varios aspectos del self, normalmente se trabaja con dos en cada ocasión. En el transcurso del trabajo, las dos partes suelen devenir en distintos aspectos del self a medida que el trabajo alcanza un nivel más profundo. Un aspecto del self critica al otro, y la parte que critica llega a ser uno de los padres. Entonces, el trabajo continúa con la interacción entre el aspecto original del self y el padre. La razón por la cual no incluyo la palabra "técnica" en el nombre es porque sugiere que se trata de un comportamiento que un terapeuta aplicaría con un cliente, y no de una manera de ser y de estar con el cliente. Tampoco hace referencia al aspecto relacional del trabajo -que se trata de una manera de ser con el cliente que requiere que el terapeuta esté involucrado y comprometido con el cliente. Utilizo "Trabajo con Dos-Tús" como un término comprensivo para abarcar todos los asuntos que conciernen a los aspectos del self que están en conflicto o desconectados.

He querido escribir este manual desde hace mucho tiempo. He dedicado muchos años al aprendizaje de esta intervención y, debido a que la he encontrado tan eficaz al ayudar a los clientes, es que siento tanta pasión por ella. He desarrollado mi propio estilo y mi propia manera de conceptualizar el trabajo y de trabajar con los clientes. La retroalimentación que recibo de manera constante por parte de los asistentes a mis talleres y de mis alumnos es que salen de los talleres y de las sesiones de entrenamiento sintiéndose capaces de entender la teoría de manera tal que pueden aplicarla de inmediato en su trabajo con clientes.

Quise producir un manual que fuera fácil de leer. Yo tengo muchos libros de texto excelentes almacenando polvo en mis estantes, y sé que también muchos de mis colegas. Cuando estudié para el examen para obtener mi licencia en psicología, noté que los clínicos no leen investigaciones en el campo de la consejería. Por lo general, yo no leo textos clínicos ni de investigación porque tengo que trabajar al leerlos. Creo que lo mismo le ocurre a varios terapeutas y consejeros; quieren ser competentes en su trabajo, pero teniendo vidas tan ocupadas, no quieren tener que luchar para aprender. Quise presentar el Trabajo con Dos-Tús de una manera y con un estilo que los hicieran fácil y rápido de aprender. Quise que fuera lo menos técnico y lo menos complicado posible, sin comprometer el trabajo. He optado por simplificar, en vez de entrar en detalle de lo que ya ha sido escrito sobre la Técnica de Dos-Sillas. He incorporado los asuntos no resueltos de la niñez o de la etapa adulta, conocidos como "asuntos inconclusos" por los terapeutas Gestalt, en las divisiones del Self-vs-Otro. He utilizado metáforas y frases fáciles de recordar para transmitir los conceptos, principios, y tareas con la intención de facilitar el aprendizaje. He utilizado recuadros para reducir los conceptos, principios y comportamientos de los terapeutas, a puntos principales para que con sólo echar un vistazo al manual, los terapeutas puedan rápidamente encontrar sencillos recordatorios que se les queden grabados en la memoria. Utilizo anécdotas de mi propia experiencia y de mi trabajo con clientes para hacer que el trabajo cobre vida, poniendo énfasis en los puntos clave para facilitar el aprendizaje. Al hacerlo de esta manera, también tengo la intención de que se manifieste mi personalidad en mi trabajo. Esto demuestra que he integrado el Trabajo con Dos-Tús en quién soy yo como persona; que no estoy solamente ejecutando mecánicamente habilidades. De esta manera, estoy presentando el material de manera muy similar a como lo enseño en talleres.

He escrito este manual para clínicos, no para académicos. Me dirijo a todo aquél que quiera aprender a hacer terapia usando el Trabajo con Dos-Tús. También quiero que sea atractivo para consejeros y terapeutas que ya utilizan la Técnica de las Dos-Sillas y que quieren entender mejor la teoría subyacente, cómo y por qué resulta efectiva, y cómo aplicar la teoría a la práctica real. Mientras escribía, me preguntaba constantemente a mí misma "¿qué quiero que sepa el lector acerca de esta forma de trabajo?". Creo firmemente que las intervenciones terapéuticas deben estar basadas en la teoría, y no siempre es fácil aplicar la teoría a la práctica real con los clientes. He sido muy específica con respecto a qué decir y a cómo decirlo, y también sobre qué hacer y cómo hacerlo.

Mientras aprendía la técnica Gestáltica de las Dos-Sillas, les pedía a mis profesores que me dijeran qué decirles concretamente a los clientes en ciertos momentos del trabajo. Ellos no me decían, porque decían que no querían que les copiara. Ellos querían que yo integrara los principios con mi propio estilo. Esto me hacía sentido, pero me dejaba sin saber cómo poner en palabras lo que yo quería transmitir a los clientes, así que decidí que si ellos no me lo decían, iba a observarlos como un halcón y a averiguarlo por mí misma. Mirar y escuchar atentamente afiló mis habilidades observacionales y me benefició de muchas maneras. Su negativa a decírmelo fue de mucha ayuda en mi propio desarrollo como terapeuta y particularmente, en mi desarrollo como terapeuta que utiliza el Trabajo con Dos-Tús. Este manual representa la culminación de lo que observé, aprendí, experimenté y concluí.

¿Por qué no les estoy diciendo a mis alumnos que lo averigüen por sí mismos? En primer lugar, porque no todo el mundo quiere enfocar su carrera en el Trabajo con Dos-Tús como yo lo he hecho, y como sigo haciéndolo. En segundo lugar, pienso que los clínicos desarrollarán su propio estilo de cualquier manera, independientemente de lo que alguien les diga que hagan. Lo comparo con el aprendizaje de las habilidades básicas para hacer cualquier cosa -aprender a escribir, aprender a hacer alfarería, aprender física cuántica- ayuda conocer lo básico para poder llegar al punto en el cual la creatividad de uno mismo toma el control y trasciende las habilidades. Todos hemos aprendido a hacer las letras del alfabeto de cierta manera y con cierto estilo. Una vez aprendida, la letra de cada persona se vuelve idiosincrásica e identificable, como lo atestiguan los grafólogos expertos. La tarea del terapeuta consiste en integrar las habilidades a su persona.

Debido a que me especializo en el Trabajo con Dos-Tús, las personas asumen que lo uso en cada -o en casi cada- sesión. Veo 25-30 clientes en una semana laboral de 4 días. Puede ser que utilice el Trabajo con Dos-Tús aproximadamente 4-6 veces por semana. El Trabajo con Dos-Tús es una manera de trabajar cuando aparecen indicadores de conflicto interno actual o de partes negadas del self, durante la sesión. Cuando esto sucede, resulta útil que los terapeutas tengan el conocimiento y la experiencia acerca de cómo trabajar efectivamente con el conflicto en ese momento. Al hacer la transición a un Trabajo con Dos-Tús, los terapeutas guían y dirigen activamente a los clientes para que las dos partes de ellos mismos hablen una y otra vez, en vez de solamente hablar sobre ello y analizarlo. No considero que el Trabajo con Dos-Tús sea la manera de trabajar, sino sólo una manera de trabajar con los clientes cuando aspectos del self están en conflicto o divididos. Con conocimiento y entrenamiento acerca de cómo trabajar de esta manera, los terapeutas tienen la opción de utilizarlo en algún punto de la terapia.

El Trabajo con Dos-Tús es muy potente. Hay terapeutas que utilizan la Técnica de Dos-Sillas sin conocimiento o entrenamiento en ella. Clientes me han contado de malas experiencias que han tenido al trabajar de esta manera con otros terapeutas. Usar la Técnica de Dos-Sillas sin entrenamiento equivaldría a que un medico recetara una droga potente sin saber cuándo hacerlo, qué dosis prescribir, ni cuáles pudieran ser los efectos secundarios.

La Técnica de Dos-Sillas no está limitada a los terapeutas Gestalt. Consejeros entrenados en cualquier tipo de encuadre terapéutico la utilizan. Trabajadores sociales y enfermeros psiquiátricos lo utilizan. Entrenadores y Coaches de vida lo usan. Coaches profesionales lo utilizan. Debido a que tantas personas desempeñando profesiones de ayuda utilizan la Técnica de Dos-Sillas, es que quiero educar a más personas sobre ella. Quiero generalizar esta manera de trabajar para que los terapeutas que no estén entrenados en Terapia Gestalt, puedan integrarla al marco teórico a partir del cual fueron entrenados. Muchas personas involucradas en profesiones de ayuda, saben que la Técnica de Dos-Sillas es una manera poderosa de trabajar, así que, o no se atreven ni siquiera a intentar utilizarla, o lo intentan un par de veces y sólo se topan con dificultades. Mi meta para este manual es que constituya un recurso para estas personas para que puedan aprender el Trabajo con Dos-Tús de manera efectiva y responsable.

Espero que encuentres útil este manual para aprender el Trabajo con Dos-Tús.

Capítulo Uno

Los fundamentos

La vida consiste en una serie de intentos de tomar una decisión.
-Timothy Fuller

En este capítulo, abordo el tema recurrente del conflicto que emerge de forma natural en las quejas y preocupaciones de los clientes, y cómo el Trabajo con Dos-Tús es particularmente efectivo como modo de trabajo cuando el conflicto emerge en una sesión. Introduzco las tres etapas de la teoría -oposición, fusión, e integración- y demuestro cómo se manifiestan las divisiones del self. Nombro los aspectos del self -Crítico y Experiencial- y demuestro cómo la calidad de su interacción se relaciona con los problemas del cliente. Se incluye una discusión acerca de la importancia de la alianza terapéutica al trabajar con clientes.

Conflicto y confusión:

síntomas comunes que llevan a buscar terapia.

La mayoría de las personas acude a terapia porque quieren ayuda. De manera habitual, han estado luchando para resolver sus problemas desde hace algún tiempo, esperando que éstos desaparezcan, o que, con el tiempo, la vida simplemente mejore. Padecen de dolor emocional que suele ir acompañado de dolor físico. La confusión que sienten se debe al hecho de que sus vidas a menudo están en pausa, o saliendo de su control. Buscar terapia no les parece atractivo porque no quieren que otras personas sepan que están luchando, ni de qué se tratan sus luchas. Muchas veces las personas ya saben, en algún nivel, cuál es su problema y qué necesitan hacer al respecto. Se les dificulta reconocerlo, porque reconocerlo significaría que tendrían que hacer frente a algún aspecto de sí mismos que no quieren asumir; y hacer cambios significa tomar acción, lo cual provoca miedo. Además, hasta que las personas no experimentan el recibir ayuda, la mayoría se muestra escéptica ante la posibilidad de que alguien pueda ayudarles. A la mayoría de las personas, no les gusta que alguien les diga qué hacer. Normalmente, ya saben lo que deberían (o no deberían) hacer, pero algo se cruza en el camino y les impide darle seguimiento a la acción. La persona que sufre de alcoholismo sabe que debería dejar de tomar. La persona casada que tiene una aventura sabe que debería terminar la aventura o dejar a su pareja. La persona que está económicamente fuera de control sabe que debería dejar de gastar. Básicamente, las personas buscan terapia cuando ya están hartas de lidiar con problemas que ya han intentado resolver sin éxito. Están cansadas del dolor, de la confusión, y de la lucha. Quieren ayuda.

El tema más común entre las quejas de los clientes es el conflicto. Muchas veces, el conflicto es evidente desde un principio: "No sé si debería permanecer en la escuela, o si debería salirme. No sé qué haría si la dejara." Otras veces, el conflicto está oculto en los comentarios: "Se me sigue olvidando hacer lo que mi esposo me pide que haga."

Las personas en conflicto experimentan confusión y agitación interna que derivan en dificultad para tomar decisiones. La imposibilidad de tomar una decisión puede significar vivir una vida que parece estar "en pausa". La depresión es un síntoma de vivir una vida de indecisión. A nadie le gusta, ni elige vivir una vida en pausa. Muchas personas se saben libres de vivir sus vidas como necesitan y quieren hacerlo, pero frecuentemente, no se lo permiten. Es como un pájaro que se queda en la jaula aunque la puerta esté abierta. Cuando una persona está pasando por una etapa de agitación interna, se da un efecto dominó negativo que tiene impacto sobre todos y sobre todo a su alrededor.

La relación con el self

Cada individuo tiene una relación consigo mismo. Puedes notarlo en el lenguaje que utilizan las personas al hablar: "He tenido problemas para relajarme", "Me presioné para tomar ese trabajo", "Quiero ir a Tailandia, pero tengo miedo de enfermarme" "Estoy muy contento conmigo mismo por haber pasado mi prueba de manejo al primer intento" "Me di un descanso después de haber hecho todo ese trabajo".

> *Yo creí en mí misma desde el principio. -Tina Maze de Eslovenia, tras ganar Medalla Olímpica de plata en 2010*

Es la calidad de la relación con uno mismo lo que determina el nivel de autoestima. Cuando las personas se tratan bien a sí mismas, se sienten mejor con respecto a ellas mismas. Son más propensas a aceptar sus defectos y sus debilidades. Cuando cometen errores o tienen alguna dificultad, sienten compasión y ternura hacia ellas mismas, y se recuperan más pronto. Como resultado, su autoestima es alta. Cuando las personas no están conflictuadas, se comportan de maneras que más fácilmente disfrutan los demás.

Cuando las personas se tratan mal a sí mismas, es más probable que experimenten conflicto interno; y suelen ser muy críticas consigo mismas.

Negándose lo que quieren y necesitan, se flagelan a sí mismas y tardan mucho tiempo en recuperarse, si es que lo hacen. Como resultado, su autoestima es baja, y es más probable que se comporten de maneras que generan aún más problemas.

La relación de una persona con su self se evidencia también en su lenguaje corporal. Algunos ejemplos comunes son balancearse abrazándose, acariciar su propio pelo, frotarse la garganta, o morderse las uñas. Un ejemplo extremo es el de la relación de Mikhael Yousney consigo mismo. Él es un tenista profesional que se golpea a sí mismo cuando está jugando mal. Yo le he visto golpearse en los muslos con su raqueta cuando está enojado consigo mismo, por no moverse suficientemente rápido.

> *Soy muy muy dura conmigo misma. -Dinara Safina, Tenista profesional Rusa de alto rango -quien aún no ha ganado un torneo Grand Slam- después de perder en la final femenil individual de Wimbledon en el 2009*

El ejemplo más extremo puede verse en Youtube. En un video subido en ese popular sitio, se le puede ver golpeándose en la frente con el filo de su raqueta con tanta fuerza que se hace sangrar y requiere de un receso médico. La presión a la que se somete a sí mismo le dificulta alcanzar mayor éxito en la cancha. Sería un mucho mejor jugador si no fuera tan duro consigo mismo.

Partes del Self

El Self Experiencial (SE)

Un ser humano es un organismo que intenta sobrevivir en este planeta de la mejor manera posible. El Self Experiencial tiene sensaciones y sentimientos. Tiene receptores que pueden obtener información del universo mediante la vista, el oído, el tacto, el olfato y el gusto. Tiene propio-receptores que pueden recabar información a partir de su propio cuerpo como tensión muscular, posición corporal, y movimiento. Tiene intereses, pasiones, gustos y disgustos. El self experiencial tiene deseos y necesidades: necesita seguridad, comida, ropa, abrigo, y sexo. Tiene una fuerte necesidad de contacto humano. Tiene todo tipo de deseos, tales como de amor, afecto, compañía, dinero, vehículos, felicidad, diversión, viajes, etc. Un organismo sano tiene energía y vitalidad. Las personas a menudo se refieren a esta parte del self como el "corazón".

El Self Experiencial (SE) sano evoluciona, cambiando a medida que va accesando y enfocándose en sensaciones y sentimientos, tanto nuevos, como conocidos. La atención y la concentración hacen que llegue nueva información a la conciencia. Las necesidades y los deseos del Self Experiencial cambian conforme va sanando sus traumas -pasados y recientes-. Al sanar, el Self Experiencial puede tener acceso a sus fortalezas y recursos innatos, los cuales se manifiestan en comportamientos verbales y no-verbales. De hecho, el Self Experiencial actualiza su potencial y se realiza plenamente.

La relación entre el Self Experiencial y el Self Pensante le da forma al Self Experiencial. Un Self Pensante sano -el Apoyador- se alinea con el Self Experiencial y facilita su evolución. Frente a un Self Pensante no sano -un Crítico severo- el Self Experiencial se vuelve distorsionado o frena su desarrollo. El Self Experiencial puede recuperar la salud como respuesta a un Crítico suavizado que se ajusta y que revisa sus estándares y valores.

El Self Pensante: Apoyador, o Crítico (C)

Lo que tienen los seres humanos, que no tienen otros entes vivos como las plantas y los animales, es una parte del self que piensa. El Self Pensante puede razonar, analizar y usar la lógica para criticar al Self Experiencial. El Self Pensante puede analizar la información recopilada por el organismo. El Self Pensante desarrolla estándares y valores a partir de su crianza y de vivir dentro de una familia, comunidad, cultura, país, etc. Las personas suelen referirse a esta parte del self como "la cabeza". Es la dinámica entre el Self Experiencial y el Self Pensante la que determina gran parte de la manera en que las personas sienten y actúan.

Cuando el Self Pensante es positivo, es un Apoyador que reconoce fortalezas y logros. Señala debilidades de manera constructiva y productiva. También protege, alienta, valida, echa porras, empatiza con, tiene compasión hacia, reconforta, consuela y escucha al Self Experiencial. Hace que el Self Experiencial se sienta bien. El Self Pensante y el Self Experiencial trabajan en conjunto cuando sus metas y energías se alinean y cuando sus estándares y valores concuerdan con sus deseos y necesidades. Cuando el Self Pensante es negativo, es un Crítico que culpa, asusta, desprecia, condena, sabotea, daña, manipula, socava, humilla, desconfía, detiene, expone y trata al Self Experiencial despectivamente. Hace que el Self Experiencial se sienta mal. El Crítico y el Self Experiencial trabajan uno en contra del otro. Cuando los deseos y las necesidades del Self Experiencial son opuestos a los estándares y valores del Crítico, como suele suceder, la persona experimenta conflicto interno. Cuando el Self Pensante opera como Crítico, el self se encuentra dividido.

Divisiones

La oposición entre el Self Experiencial y el Self Pensante provoca una división en el self. Esto puede suceder de distintas maneras. En una división Self-vs-Self, el Crítico trata mal al Self Experiencial: "me odio a mí mismo", y "dudo poder hacer esto". En una división Self-vs-Otro, el Self Experiencial desconoce algunos de sus propios pensamientos y sentimientos, y los proyecta en otra persona (u objeto) de su entorno, y luego se comporta como si esos pensamientos y sentimientos vinieran del otro: "Ella me odia." y "El alcohol es demasiado tentador."

Las partes del self pueden interactuar de manera sana, lo cual brindará apoyo y enriquecerá al organismo humano, o pueden interactuar de manera no-sana, lo cual generará conflicto. Las personas pueden ser sus propios mejores amigos, o sus peores enemigos.

A menudo, al crecer, hay formas en las que aprendimos a comportarnos que funcionaron para nosotros, y que nos ayudaron durante nuestra infancia. Tendemos a mantener esas formas en nuestra adultez porque funcionaban. Sin embargo, muchas veces lo que funcionaba y tenía sentido en la infancia, ya no funciona ni tiene sentido en la adultez. Las condiciones han cambiado. Las circunstancias han cambiado. Las habilidades han cambiado. El Crítico en la adultez puede saber que la manera en que se trata a sí mismo ya no funciona, pero no puede soltar los viejos patrones que le ayudaron a sobrevivir en la infancia.

Como niño, Mannie aprendió a volverse invisible para evitar a su padre abusivo. Como adulto, no toman en cuenta a Mannie para los ascensos. Su jefe no parece notar sus habilidades y competencias.

Cuando la mayoría de las personas busca terapia es porque están conflictuadas de alguna manera. Saben que necesitan cambiar, pero no saben cómo hacerlo.

Trabajo con Dos-Tús:

Una intervención que se enfoca en la relación del cliente con su self.

> *Lo que las personas pueden cambiar es su relación consigo mismas.*

Lo que las personas pueden cambiar es su relación consigo mismas.

El terapeuta orquesta la toma de conciencia de cada parte del self -Crítico y Self Experiencial- y la interacción entre ambos. El cambio ocurre cuando el Self Experiencial es capaz de asumir sus deseos y necesidades y luego expresárselos al Crítico. Normalmente, el Crítico no escucha; en vez de ello, critica, se burla, avergüenza, intimida, y menosprecia al Self Experiencial. Cuando el Crítico finalmente escucha, acepta los deseos y necesidades del Self Experiencial como válidos. El Self Experiencial es entonces capaz de contactar y expresar deseos y necesidades que subyacen en lo más profundo. El Crítico se ablanda con el Self Experiencial. Ahora, el Self Experiencial puede expresarse aún más. Cada self se modifica y cambia a medida que las dos partes interactúan entre sí de una manera nueva. Eventualmente, los dos selves[1] se integran y se vuelven un self unificado que es experimentado como nuevo y diferente. Cuando un hombre y una mujer sincronizan sus pasos de baile, juntos forman una nueva entidad -una unidad que antes no existía-, y lo mismo sucede con la fusión del Self Experiencial y el Crítico al generar un nuevo sentido de self. Al utilizar el Trabajo con Dos-Tús, el terapeuta ha moldeado e influido en este cambio.

La manera en que las personas se tratan a sí mismas es lo que más importa. Cuando las personas vienen a terapia, es posible que sepan que se tratan mal a sí mismas, pero normalmente no saben la manera en que se tratan mal a sí mismas.

El Trabajo con Dos-Tús ayuda a los clientes a ponerse a sí mismos en perspectiva al explorar y examinar la calidad de su relación con su self. Es importante identificar y reforzar las maneras sanas en que las personas se tratan a sí mismas -es como construir y reforzar un cimiento-. Luego, es importante identificar las maneras no-sanas en que las personas se están tratando a sí mismas, y enfocarse en esas dinámicas para lograr un cambio.

George, un hombre alto y grande, tenía pesadillas recurrentes sobre terremotos. Trajo una de ellas a terapia, diciendo que era distinta a las demás. Estaba parado sobre un rascacielos cuando comenzó un terremoto. Todo el edificio empezó a moverse [esto nunca había sucedido antes en sus pesadillas]. El edifico se movió 180 grados. Se despertó sintiéndose tembloroso, pero sorprendentemente bien. Le pedí que se convirtiera en el edificio que se movía. Al hacerlo, se dio cuenta de que él estaba rígido. Tuvo la repentina revelación (insight) de que, aunque pareciera imposible, él podía moverse. Si él se permitía ser flexible, sorprendentemente nada desastroso sucedería.

---

1   Nota del traductor: selves plural de self

Las etapas del Trabajo con Dos-Tús

Etapa uno: Oposición

Cuando los clientes acuden a terapia sintiéndose confundidos y conflictuados, esto indica que partes del self -el Crítico y el Self Experiencial- se oponen entre sí. Al principio, las partes se encuentran enmarañadas o en confluencia, lo cual significa que hay poca o ninguna frontera entre ellas. El terapeuta necesita separarlas, y poner a ambas en contacto, verbal y no-verbalmente. El grado de confluencia se ubica dentro de un continuo que va de mínimo, a extenso. El cliente que declara firmemente, "Tengo que dejar mi trabajo, pero soy demasiado cobarde", sabe que está luchando consigo mismo, aunque no sepa cómo se está llevando a cabo dicha batalla. El cliente que dice "Me quiero morir" normalmente no se da cuenta de que la parte de sí mismo que quiere vivir existe siquiera (y que lo trajo a terapia).

La frontera de contacto es la demarcación de dónde está la diferencia entre los aspectos conflictuados del self -el Crítico y el Self Experiencial-. La frontera de contacto se mueve y cambia a medida que el terapeuta le ayuda al cliente a diferenciar entre ambas partes. La separación incrementa la claridad, permitiendo que la "personalidad" de cada parte emerja a un primer plano. El terapeuta trabaja en la frontera de contacto, encontrando y creando mayor diferencia entre las dos partes, al facilitar su interacción.

Con frecuencia, hay aspectos del self de los cuales el cliente no está consciente o que ha alienado. Los clientes frecuentemente desconocen su propia inteligencia, talentos, valor, competencia, etc. En el ejemplo anterior, la persona con tendencias suicidas no sabe que hay una parte suya que quiere vivir. El terapeuta ayuda al cliente a tomar conciencia de esa parte, y la pone en contacto con la parte de él que quiere morir. Aún existe oposición entre las partes del self, pero ahora, el cliente está consciente de que está luchando consigo mismo.

Etapa dos: Fusión -el encuentro-

La fusión es el punto en el cual los aspectos del self dejan de oponerse entre sí, y empiezan a trabajar en conjunto; y en el cual el Crítico se transforma en el Apoyador. Durante la etapa de Oposición, el Crítico ajusta y revisa sus estándares y valores mientras se suaviza con el Self Experiencial. A medida que las dos partes interactúan de una manera más sana, el Self Experiencial evoluciona como respuesta al Crítico-que-se-volvió-Apoyador; puede llegar a ser más plenamente quien es al accesar y expresar sus deseos y necesidades. Debido a que existe suficiente cambio en cada parte, éstas empiezan el proceso de alineación.

Etapa tres: Integración -el nuevo self-

La Integración es el resultado de la Fusión. Un nuevo self que piensa, siente, y actúa de manera diferente, emerge a partir de la síntesis del Self Experiencial y el Apoyador. El cliente no tiene que pensarlo, ni que trabajar en ser diferente -simplemente es diferente-. Este tipo de cambio es distinto de llegar a un acuerdo, porque el nuevo self trasciende las dos partes. Normalmente, la Integración es permanente, y los clientes conservan su nuevo sentido de self. Sin embargo, en tiempos difíciles, a veces se les olvida y regresan al antiguo self. Aun así, una vez que un nuevo sentido del self ha sido experimentado, es más fácil recuperarlo. Una vez que una persona tiene una experiencia nueva, se sabe capaz de vivirla. Ahora alineadas, las dos partes del self forman uno solo. La energía que antes se desperdiciaba en el conflicto interno ahora está disponible para que el cliente pueda vivir su vida de una nueva manera.

Mientras trabajaba en mi doctorado, me la pasaba teniendo pensamientos negativos como "no soy lo suficientemente inteligente como para obtener un Doctorado." "No soy capaz de obtener un Doctorado." "Es demasiado difícil." "¿Tú quién te crees?" Hasta que un día, cansada de esta batalla interna, sostuve un diálogo entre estas dos partes de mi ser. Físicamente, me movía de una a otra posición.

Self Experiencial (SE) de B: "Me sigues diciendo que no puedo hacer esto, sin embargo, continúo esforzándome."

Crítico de B: "Tienes razón. Sin importar cuántas veces te repita que no puedes hacerlo, no paras."

SE de B: "Cierto. Sería mucho más fácil si tan sólo te callaras y me dejaras terminar."

Crítico de B: "Bueno, supongo que, si eso es lo que está pasando, me callaré."

SE de B: "Gracias. Eso hará que todo sea mucho más sencillo."

Después de haber tenido esa conversación conmigo misma,

aún me resultó difícil completar el Doctorado, pero la lucha conmigo misma había terminado.

Los terapeutas pueden siempre beneficiarse al tener maneras adicionales de trabajar con sus clientes que mejoren su efectividad. Debido a que el conflicto con el self y con otros se presenta con tanta frecuencia en terapia, los terapeutas tienen la opción de trabajar con el conflicto de la manera en que siempre lo han hecho, o pueden emplear el Trabajo con Dos-Tús. Es como agregar una nueva herramienta a su caja de herramientas terapéuticas.

La Alianza Terapéutica

La confianza se desarrolla a través del trabajo productivo.

A lo largo de la terapia, la relación entre el cliente y el terapeuta es muy importante. Frecuentemente, el Trabajo con Dos-Tús permite llegar al fondo del asunto de manera sorprendentemente rápida. Sin una alianza entre el terapeuta y el cliente, esto puede resultar atemorizante para el cliente. Sin embargo, con una alianza establecida, el cliente podrá lidiar con la intensidad de las emociones y sensaciones de su experiencia. Sólo entonces, la terapia puede avanzar a un nivel más profundo dado que los clientes experimentan los beneficios del trabajo en un ambiente seguro.

Cuando la terapia se siente productiva, los clientes confían en el terapeuta y se comprometen más plenamente en el proceso. Cuando el cliente experimenta avances, considera que su tiempo, energía y dinero están siendo bien invertidos.

Los clientes entran a un territorio desconocido cuando aceptan tu invitación a involucrarse en un Trabajo con Dos-Tús, así que respeta su reticencia y su escepticismo. La confianza se desarrolla a través del trabajo productivo.

Durante el Trabajo con Dos-Tús, el terapeuta y el cliente co-crean su experiencia. Trabajando momento-a-momento, paso-a-paso, la relación del cliente con el self evoluciona. El terapeuta nunca puede saber con certeza cómo o cuándo el nuevo self del cliente emergerá a partir del trabajo. Esto es lo que más disfruto al utilizar el Trabajo con Dos-Tús: las sorpresas maravillosas y la asombrosa creatividad de las personas.

Resumen

El conflicto interno emerge con frecuencia en las sesiones de terapia. El Trabajo con Dos-Tús es un potente modo terapéutico de trabajar con múltiples aspectos del self que están en conflicto, alienados, o negados. Este capítulo introdujo lo básico del Trabajo con Dos-Tús que tiene que ver con la relación problemática del cliente consigo mismo. Primero, expuse las partes del self: El Self Pensante, en las formas de Crítico y de Apoyador; y el Self Experiencial, el organismo del ser humano. Lo que siguió fue una explicación de cómo una interacción negativa entre las dos partes crea divisiones en el self. Presenté la teoría del Trabajo con Dos-Tús, explicando los cambios necesarios para que los clientes puedan cambiar, de estar conflictuados, a estar integrados. Finalmente, expuse las etapas por las cuales atraviesan los clientes -Oposición, Fusión e Integración-. Cuando el terapeuta desarrolla una alianza en el trabajo con el cliente, crea un entorno en el cual el cliente se siente seguro para explorar todos los aspectos del self.

Capítulo Dos

La Teoría del Cambio

El conflicto es inevitable. Cuando estamos conflictuados por dentro, enviamos mensajes contradictorios a los demás y reaccionamos de manera contraria a las circunstancias. Para evitar la confusión, es mejor resolver cualquier conflicto interno antes de trabajar con el conflicto externo.
-Bea Mackay.

Cada marco de referencia terapéutico tiene una teoría sobre cómo cambian las personas. En este capítulo, para entender el marco de referencia del Trabajo con Dos-Tús, haré una breve referencia al tema del desarrollo humano y a cómo las personas se adaptan de manera sana y no-sana al vivir sus vidas. Hablo de cómo la adaptación sana se bloquea, y de cómo las divisiones se manifiestan en torno a polaridades específicas que los individuos desarrollan como resultado. Este capítulo presenta los conceptos -Polaridades, Aquí y Ahora, Figura/Fondo y Teoría del Campo- que los terapeutas utilizarán como guía en el Trabajo con Dos-Tús. La teoría del Trabajo con Dos-Tús es presentada bosquejando tres etapas -Oposición, Fusión e Integración- por las cuales atraviesan los clientes mientras pasan de estar conflictuados a encontrar resolución.

Desarrollo

Sin duda alguna, tanto la naturaleza como la crianza son factores con gran influencia en el desarrollo humano. Los genes determinan gran parte de la personalidad, la resiliencia (tanto física como psicológica), inteligencia, talentos, intereses, habilidades, y si una persona es introvertida o extrovertida. Algunos bebés son tranquilos y apacibles desde el principio, mientras que otros, son ruidosos y activos. Algunos infantes son sensibles y delicados desde el principio, mientras que otros florecen en las condiciones y situaciones más difíciles. Hay algunas personas que nacen con defectos genéticos, cuyos cerebros no están "conectados" en la forma habitual, o con cuerpos que no funcionan de la misma manera que la mayoría. Existe un sinfín de combinaciones de todo lo anterior. Los padres y otras personas modelan comportamientos, estilos y actitudes que los niños atestiguan, para luego copiarlos o rechazarlos. La calidad de la crianza parental y de la educación escolar, como también de otros tipos de cuidados, impactan de manera significativa en el desarrollo de la personalidad. En esencia, cada persona es un individuo único cuya personalidad es moldeada por la interacción de la naturaleza y la crianza, y el significado idiosincrásico que le dan a sus experiencias.

La influencia ambiental empieza desde el vientre materno, donde recibe la influencia de la dieta y estilo de vida de la madre. Una vez que nacen, las personas son moldeadas por las condiciones y circunstancias que las rodean. La genética de la personalidad es influida por factores tales como la salud de la madre, el orden de nacimiento, estatus socio-económico, guerra o paz, eventos de vida tras el nacimiento, y la cultura y la época en la que nacieron. La personalidad es moldeada por los cuidadores primarios de la persona, su habilidad para cuidar y criar al niño, y si recibieron o no, de buen grado el nacimiento y el género del niño. Diferentes niños responden de diferentes maneras a las mismas condiciones y eventos. Algunos niños pueden lidiar con circunstancias difíciles y superarlas, mientras que otros niños no pueden. Mientras que los miembros de la familia y otras personas pueden influir fuertemente en la salud psicológica de los niños, al final, cada niño como individuo determinará la manera en que responderá a su influencia.

Crecer implica sobrevivir. Los niños tienen necesidades y deseos. Aprenden a sobrevivir adquiriendo y adaptándose a los estándares y valores de la sociedad en la que nacen, y específicamente, a los estándares y valores de la familia de la cual forman parte. Los padres enseñan a sus hijos sus estándares y valores sobre todo a través del modelaje, pero también a través de palabras y acciones. Sus palabras y comportamientos ejercen impacto en sus hijos, proporcionándoles experiencias. A partir de estas experiencias, y a través de eventos de vida, los niños llegan a conclusiones acerca de sí mismos, de otros, y de la vida. Con base en conocimiento escaso y en experiencias limitadas, desarrollan un modus operandi para la vida que puede o no servirles adecuadamente conforme envejecen. Desde muy temprana edad, llegan a conclusiones que les ayudan a decidir cómo comportarse para sobrevivir de la mejor manera. Al vivir, siempre hay conflictos entre estándares y valores, y deseos y necesidades. Esto es muy evidente al criar niños. Frecuentemente, los deseos y las necesidades del niño entran en conflicto con los estándares y valores de la familia o de la cultura. Las familias sanas pueden resolver la mayor parte de los conflictos. Uno o más miembros de la familia ayudan al niño a integrar sus estándares y valores con sus deseos y necesidades, lo cual permite al niño a adaptarse de manera sana a su cultura.

Polaridades

Las polaridades son opuestos que existen en el universo: oscuro/claro, grande/pequeño, salvaje/domesticado, natural/artificial, etc. Son los opuestos que están presentes o que se desarrollan en personalidades y conductas: pasivo/activo, culpable/víctima, héroe/villano, el que da/el que toma, ruidoso/callado, seguro/inseguro, evitador/confrontador, visible/invisible, defensivo/ofensivo, divertido/serio y muchos más. A medida que las personas viven sus vidas, la mayoría de las polaridades no representan un problema: simplemente están ahí. Las personas las aceptan y se adaptan a ellas. Los humanos tienen deseos, necesidades, pasiones e intereses, y se esfuerzan por realizar actividades e interactuar con personas y con el ambiente de maneras que les satisfagan. Las polaridades se vuelven significativas cuando las personas tienen experiencias que les generan sensaciones positivas, negativas o neutrales.

La primera vez que salí a navegar en un velero, fue en un día con mucho viento. Conforme el bote avanzaba por el agua a gran velocidad, sentí euforia. Una de mis amigas abordo estaba tan aterrorizada por la experiencia, que nos regresamos a la orilla. Yo estaba muy decepcionada, y ella se sentía aliviada. El mismo evento, y sensaciones totalmente distintas fueron evocadas. Yo quería hacer más actividades que generaran sensaciones de euforia, y ella quería evitar cualquier actividad que provocara sensaciones de terror.

Las personas tienden a querer tener más experiencias que impliquen sensaciones positivas y a evitar las que provoquen sensaciones negativas. La forma en que las personas se comportan o actúan suele ser fuertemente influida por su deseo de tener o de evitar sensaciones específicas. Las personas pueden también pasar por experiencias de sensaciones negativas para llegar a experiencias que les provoquen sensaciones positivas, como cuando se sigue un entrenamiento riguroso para llegar a ser un mejor atleta, o pasar por el proceso de alumbramiento para llegar a ser padres, y sufrir dificultades para llegar a la cima de una montaña. El significado que las personas atribuyen a sus experiencias también determina por qué lucharán y qué evitarán.

Los eventos estresantes que ocurren de manera repetida pueden causar trauma. Cuando las personas no pueden procesar experiencias de eventos comunes estresantes recurrentes, desarrollan divisiones en torno a polaridades específicas. Las interacciones frecuentes y rutinarias, como cuando a un niño o adulto se le dice que es estúpido y se le trata como tal, puede convencerle de que en verdad lo es, cuando no es así (estúpido/ inteligente), o cuando a una persona le falla continuamente alguno de sus padres, su pareja, jefe, o alguna otra persona importante en su vida, aprende que no puede contar con esa persona y posiblemente concluya que no puede contar con nadie en la vida (confiar/no confiar).

Las personas pueden desarrollar divisiones por las experiencias en cualquier momento de la vida. Como adulto, una persona confiada puede pasar por una racha de fracasos y mala suerte, que le hagan dudar de su propia competencia (éxito/fracaso, competente/incompetente). La infancia es un tiempo particularmente significativo en el cual las personas desarrollan divisiones porque los niños son vulnerables y normalmente carecen de poder para hacer algo con respecto a lo que les sucede. Las divisiones desarrolladas en la infancia pueden durar toda la vida. El terapeuta entiende mejor el comportamiento de su cliente cuando nota las polaridades que este presenta.

Joey es un niño que recurre mucho al contacto físico, y que suele tener altercados físicos con otros niños. Sus padres intentaron evitar que peleara, pero él era incapaz de controlar sus impulsos. Entonces, lo inscribieron en un programa de artes marciales en el cual sus impulsos no son solamente permitidos, sino alentados. Su energía natural es canalizada de manera constructiva, cubriendo su necesidad de contacto físico. Joey se empieza a llevar mucho mejor con sus compañeros.

Necesidad de Joey: mucho contacto físico

Estándar de sus padres: no es bueno pelear

Polaridad: armonía/discordia

División: la necesidad de Joey de tener contacto físico a través de las peleas choca con los estándares y valores de sus padres.

División es resuelta: Joey satisface su necesidad de tener contacto físico de una manera que sus padres pueden aceptar.

Desde muy temprana edad, los padres de Serena se mudaron a la ciudad porque no había trabajo en el campo. Serene vivía de tiempo completo con sus abuelos. Su madre regresaba los fines de semana, a menudo muy cansada. Serena se colgaba de su madre, lo cual le resultaba fastidioso a su madre. Cada vez que su madre le decía que dejara de hacerlo, Serena se sentía abandonada. Aunque vivir en casa de sus abuelos estaba bien para ella, Serena anhelaba vivir con su madre permanentemente. Cuando terminaba el fin de semana, su madre se iba y Serena se volvía a sentir abandonada.

Necesidad de Serena: Sentirse ligada a su madre, la persona más significativa en su vida.

Necesidad de su madre: trabajar

Polaridad: apegada/abandonada

División: Serena se esfuerza por sentirse vinculada con su madre para evitar los horribles sentimientos y sensaciones de abandono.

***Sylvie** ama a su padre y quiere ser amada y aceptada por él. Cuando intenta hacer que juegue con ella o que la lleve con él, él se enoja con ella. Él critica todo lo que ella hace. Ahora ella evita buscar su amor, porque no quiere ser rechazada.*

Necesidad de Sylvie: sentirse amada y aceptada por su padre.

Estandares y valores del padre: No valora (rechaza) a su hija.

Polaridad: Aceptada/rechazada

División: Sylvie busca amor y aceptación de su padre, pero se contiene para evitar su rechazo.

Los eventos de la vida, positivos y negativos, tienen una influencia tremenda en el desarrollo de la personalidad en todas las etapas de la vida. Los eventos de la vida influyen en los estándares y valores, así como en los deseos y las necesidades: una mudanza, la muerte de un familiar, el nacimiento de un hermano, la pérdida de un trabajo, un ascenso en el nivel socio-económico, un trato abusivo, un logro atlético, un acoso sexual, una herencia, atestiguar o vivir uno o más eventos traumáticos, enfermedad o accidente. La lista podría seguir y seguir.

Los eventos de la vida son factores clave en el desarrollo de la personalidad por el impacto que tienen en las personas, sin embargo, el significado que le den a los eventos de la vida puede variar de un individuo a otro, dependiendo de su reacción y de su respuesta a los eventos. Las personas pueden reaccionar ante los eventos de vida negativos creando una división en torno a una polaridad específica. Incluso eventos de vida positivos (ganar la lotería o conseguir un trabajo asombroso) pueden generar divisiones si las personas no logran integrar los cambios en estándares y valores con los cambios en sus deseos y necesidades.

Como respuesta a la vida, las personas son continuamente confrontadas con las discrepancias entre sus estándares y valores, y sus deseos y necesidades. Hacen frente a las diferencias, hacen cambios, y los integran. De esta manera, las divisiones en torno a polaridades específicas no se desarrollan, o cuando lo hacen, son rápidamente resueltas. En las familias en las cuales sus miembros son bienvenidos, premiados, aceptados, y están seguros, los niños y los adultos pueden resolver las diferencias conforme se desarrollan.

La enfermedad y el malestar psicológicos ocurren cuando los niños, y las personas en general, no pueden resolver las divisiones que crearon. Algunos niños saben intuitivamente que sus padres están equivocados en algunas cosas y descartan los estándares y valores de ellos, ya sea al crecer, o más tarde como adultos. Otros, no son capaces de hacer esto y sufren, a veces todas sus vidas, porque no pueden resolver las divisiones que desarrollaron en la infancia.

La clave para obtener y mantener la salud psicológica y el bienestar está en encontrar una solución creativa para el conflicto entre estándares y valores, y deseos y necesidades. Esto se puede hacer al hablar con otras personas y experimentar con nuevos comportamientos e ideas. A menudo, las personas encuentran soluciones creativas al soñar. En ocasiones, los conflictos son fáciles de resolver -otras veces puede resultar muy difícil, dependiendo del individuo y del contexto de su vida-. A menos que sea por eventos catastróficos, como guerras o desastres naturales, los estándares y valores culturales cambian lentamente con el tiempo. Esto es porque las personas de una cultura tienen deseos y necesidades que cambian conforme cambian las circunstancias. Soluciones creativas son encontradas continuamente.

Al integrar los estándares y valores con los deseos y las necesidades, las personas mantienen alineada y disponible toda su energía para poder actuar en el mundo. Al aprender más información y al tener nuevas experiencias, las personas aprenden qué funciona para ellas y qué no. La adolescencia es la etapa más obvia en la cual los niños experimentan con sus necesidades y deseos, en un momento en el cual sus estándares y valores tienden a ser idealistas. Esto a menudo significa rechazar y retar los estándares y valores de sus padres.

Los niños se mantienen sanos cuando son aceptados por quienes son y experimentan la aceptación de sus padres. Sin embargo, cuando los niños crecen con abuso y miedo, sus personalidades naturales se reprimen. No se sienten seguros de experimentar. No se sienten seguros para expresar su malestar, su incomodidad, ni sus diferencias. No se sienten seguros para cuestionar. Los niños luchan para que sus propias necesidades sean satisfechas, muchas veces suprimiendo su personalidad natural para poder sobrevivir con cuidadores a quienes temen. Los niños en estas circunstancias tienen experiencias dolorosas que no quieren volver a vivir nunca.

Cuando los niños crecen con negligencia y privaciones, también tienen experiencias dolorosas. Cuando llegan a la adultez, muchos de sus comportamientos se enfocan en evitar aquellas experiencias que se imaginan que podrían producir, o que en realidad producen, los temidos sentimientos de dolor que experimentaron en su infancia. Evitar la experiencia obstaculiza el trabajo con las divisiones. Desafortunadamente, cuando las personas tratan de evitar situaciones reales o imaginarias que pudieran llegar a producir la experiencia que tanto temen, suelen comportarse de una manera que genera la experiencia que están tratando de evitar.

Anne, una hija mayor, creció con una madre pasiva y un padre alcohólico que pasaba por periodos de borrachera ininterrumpida. Cuando su padre no estaba tomando, la vida era normal y manejable, incluso buena, la mayor parte del tiempo. Nadie sabía cuándo él entraría en una de sus etapas de borrachera, pero cuando lo hacía, todos en la casa vivían con miedo. Su padre perdía el control y peleaba con su madre. Anne presenciaba la pérdida de control de su madre durante esas peleas. Su hermano y su hermana menores se escondían. Ver a su madre fuera de control era tan desagradable para Anne, que desde muy temprana edad, acudía en defensa de su madre, enfrentándose a un padre ebrio y furioso, mucho más grande que ella. Anne se sentía aterrorizada durante estas confrontaciones, pero no hacer nada y sentirse sin control y aterrorizada era peor. Su madre le permitía a Anne asumir este papel, porque ella no podía lidiar con su esposo. Como adulta, Anne se volvió sumamente controladora. Desarrolló una polaridad de control/fuera de control -ella necesitaba estar en control todo el tiempo para evitar sentirse fuera de control-. Esto impactó negativamente en todas sus relaciones; las personas reaccionaban a su control a menudo haciéndola sentir sin control.

Polos opuestos en terapia

En terapia, las personas normalmente están luchando con algún tipo de dilema relacionado con algún polo opuesto. Su problema suele presentarse en forma de miedos y se manifiesta en una división en torno a una polaridad específica, como "necesito más entrenamiento/ educación, pero tengo mucho miedo de regresar a la escuela" y "Quiero casarme con mi pareja, pero [temo que] mis padres me repudien si lo hago".

En el fondo de cualquier oposición polar se encuentra una vulnerabilidad medular o un conjunto de vulnerabilidades. Ser vulnerable es ser susceptible de ser herido o lastimado. El polo opuesto de la vulnerabilidad es sentirse seguro y protegido.

A nadie le gusta sentirse vulnerable ni emocional, ni físicamente. Las vulnerabilidades son creadas a partir de experiencias de vida que fueron dolorosas y desagradables. Las experiencias emocionales, tanto positivas como negativas, quedan grabadas en el cerebro a detalle y funcionan como un código de conducta. Si la emoción es positiva, las personas pueden querer repetirla una y otra vez. Si es negativa, posiblemente no quieran volver a experimentarla nunca. Lo que las personas intentan evitar son las sensaciones que experimentaron en el momento del incidente o evento. Las personas desarrollan distintas vulnerabilidades con base en el sentido que le dan a un evento dado.

Las personas tienden a hacer que suceda lo que temen. Los miedos se manifiestan en los polos opuestos e indican la dirección que tomará la conducta. Al intentar evitar una experiencia, las personas, o se comportan involuntariamente de una manera que recrea la experiencia temida, o viven una vida de discapacidad emocional. Por ejemplo: una persona que le teme al abandono posiblemente nunca establezca una relación, o si lo hace, puede aferrarse a su amado de una manera que asifixia al amado, quien reacciona terminando la relación. En la siguiente página se encuentra una tabla que enumera las polaridades comunes y los miedos que evocan.

Polaridad	Miedo a...
Abandono/asfixia	Sentirse abandonado/ser tragado o asfixiado
Alienación/ intimidad	miedo a la cercanía/ miedo a la soledad
Descontrol/ control	Miedo a perder el control/miedo a ser controlado
Aceptación/ rechazo	Sentirse rechazado
Visible/ invisible	Atraer atención no deseada/ sentirse no visto
Escondido/ expuesto	Sentirse expuesto/humillado
Significante/ insignificante	Importar demasiado/ no importar
Guerra/ paz	Confrontación
Superior/ inferior	Sentirse menos que otros/ no ser suficiente
Omnipotente/ aniquilado	Impulsos destructivos propios/ ser matado o morir
Limpio/ sucio	Sentirse asqueroso/ repugnante/ repulsivo
Honor/ vergüenza	Quedar mal/ sentirse mal acerca de uno mismo

Intentar evitar una experiencia es un indicador de que existe un caso de polaridad. Esto es cierto en el ejemplo siguiente. Elizabeth le teme al posible dolor de perder un hijo, entonces se comporta de maneras que evitan que tenga hijos, otra manera de perder un hijo.

Actuando en contra de sus propios estándares y valores

Elizabeth está cerca de los 30 años. Llegó a terapia porque estaba casada y había estado teniendo un amorío por 5 años. Ella tenía un fuerte deseo de tener hijos, pero sabía que no podía hasta no resolver su dilema actual. Tener una aventura iba en contra de sus estándares y valores. Ella había intentado terminarla, pero no había podido. Ella estaba conflictuada acerca de si debía o no dejar su matrimonio. Durante un Trabajo con Dos-Tús en torno a su conflicto, un recuerdo temprano emergió. Recordó haber asistido al funeral de su hermana menor, a la edad de cuatro años. Del otro lado de la tumba, recordó haber visto el dolor en el rostro de su padre. Él había atropellado accidentalmente a su hija al mover su auto en reversa, y la había matado. De alguna manera, a sus cuatro años, Elizabeth decidió no tener hijos, porque si llegaba a perder uno, el dolor sería inmenso. Al mantener su aventura, estaba, de hecho, bloqueando su deseo de tener hijos. Una vez que este recuerdo temprano salió a la luz y pudo sanar del trauma, Elizabeth fue capaz de tomar decisiones y ponerlas en práctica. Dejó a su esposo, y exploró la posibilidad de una relación con su amante. Esto no funcionó. Ella y su esposo se reconciliaron. Cuando Elizabeth dejó la terapia, estaba embarazada y esperando felizmente su primer hijo. Al bloquear su anhelo natural de tener hijos, el inconsciente de Elizabeth encontró una manera de protegerla de jamás sufrir el dolor devastador de perder un hijo, todo fuera de su consciencia. Al descubrir el trauma temprano, se pudo procesar y superar.

El Trabajo con Dos-Tús ayuda a los clientes a contactar sus sentimientos, pensamientos, creencias y comportamientos inconscientes, y a traerlos a la consciencia. Una vez conscientes, pueden ser trabajados. Al comprender los opuestos polares y cómo se crean las divisiones en torno a ellos, los terapeutas pueden enfocarse en ellos y resolverlos de manera eficiente.

Cuando ocurre un evento devastador, las personas se trauman. Pueden experimentar la pérdida de un ser querido, un accidente físico o psicológico, o la pérdida de bienes materiales como una casa o un coche. Presenciar eventos traumáticos como ver a un peatón al ser atropellado por un automóvil, o que los niños vean alterados a sus padres, pueden ser igual de traumáticos. Estos eventos pueden causar una gran cantidad de dolor y miedo. Cuando las personas no procesan estos eventos, desarrollan estándares y valores distorsionados, y también distorsionan sus deseos y necesidades. Traumas no-sanados del pasado pueden influir en comportamientos presentes sin que la persona sepa o sea consciente de ello.

La síntesis de los polos opuestos

El hidrógeno y el oxígeno se sintetizan para convertirse en agua. El Crítico y el Self Experiencial se sintetizan para convertirse en un nuevo sentido del self.

La síntesis de las polaridades genera un nuevo sentimiento o sentido que trasciende ambos polos. No es un acuerdo. Un nuevo sentido del self es originado y le queda perfectamente a la persona porque es creado a partir de ambos polos.

Las polaridades de "en control" y "fuera de control" se sintetizan para volverse simplemente "control". Así como uno rara vez piensa en respirar al ir por la vida, una persona que no teme perder el control rara vez piensa en el control. Es decir, para él, el control existe, por lo que no es un asunto a tratar. Puede ir por la vida enfocándose en otros asuntos.

Cuando se bailan danzas como el vals o el tango, una persona guía y la otra le sigue. El baile que es un placer ver y emocionante de bailar ocurre cuando las parejas bailan como si fueran uno. Una pareja se vuelve una sola unidad cuando el que sigue cede el control al que guía. El que sigue no se siente sin control, y el que guía no se siente en control. Simplemente, los dos experimentan una sensación de ser uno con su pareja.

El aquí y ahora

Trabajar en el momento presente -el aquí y ahora- constituye una parte importante del Trabajo con Dos-Tús. Los conflictos van implícitos en las quejas y en los asuntos que sacan a relucir los clientes. Trabajar con divisiones y polaridades a medida que emergen, es una manera productiva de efectuar el cambio. El Trabajo con Dos-Tús separa las partes del self que están en oposición y hace que interactúen entre sí. El cliente representa entonces su conflicto en el momento presente. Permite que cada parte de sí mismo se exprese y se conduzca plenamente tal como está en el momento. Dar vida a un conflicto interno no es una actuación ni un juego de roles, porque para actuar o representar papeles, una persona tiene que pretender ser alguien o algo que no es. El Trabajo con Dos-Tús es lo opuesto -facilita que el cliente sea más quien es en este momento-.

Con frecuencia, platicar acerca de su conflicto resulta de gran ayuda para el cliente; el terapeuta puede reencuadrar el conflicto de manera que haga sentido para el cliente. Sin embargo, con demasiada frecuencia, nada cambia con sólo hablar con los clientes sobre sus dilemas. Al cambiar al Trabajo con Dos-Tús en el momento en el que emerge el conflicto, el trabajo se vuelve más relevante, energizado, e interesante para el cliente y para el terapeuta. Al representar su conflicto en el aquí y ahora, el cliente recibe más información, obtiene nuevas experiencias, y adquiere objetividad con respecto a sí mismo. El cliente no está hablando con el terapeuta; se está hablando a sí mismo. Puede ser que haga caso omiso a lo que el terapeuta o cualquier otra persona le diga, pero es muy difícil que ignore lo que se dice a sí mismo. Muchas veces, durante el trabajo, el cliente llega a tener un momento "ajá" -esa experiencia en la cual una persona tiene una revelación (insight) acerca de sí misma y una comprensión más profunda de su conducta-. En otras palabras, obtiene un nuevo significado de su ser y de sus circunstancias. Conforme el cliente experimenta avances terapéuticos, se compromete más plenamente en el trabajo.

Al enfocarse en lo que está pasando en el aquí y ahora, el terapeuta y el cliente pueden calibrar la calidad de la interacción entre las partes. Los individuos desarrollan una variedad de estilos de interacción; algunos estilos son evidentes, algunos son sutiles. Cómo reacciona o responde en el momento cada parte del cliente, le da al terapeuta información acerca de la dirección que debería de tomar el trabajo.

El Trabajo con Dos-Tús está diseñado para facilitar este tipo de experiencia terapéutica cuando aspectos del self están en conflicto. Debido a que los clientes están comprometidos con partes de sí mismos, se comprometen con el trabajo. No están hablando acerca de su conflicto interno, están trabajando con él. El Trabajo con Dos-Tús les permite al terapeuta y al cliente llegar rápidamente al fondo del conflicto.

Figura/ Fondo: Cómo organiza el cerebro la información

Al enfocarse en un aspecto y dejar que el resto quede en el fondo, la mente puede limitar la cantidad de material al cual tiene que prestar atención en un momento dado. En la vida diaria, el material que está en primer plano forma la figura. El resto pasa al fondo. La figura emerge del fondo y sólo es figura en relación con el fondo; no puede ser separada de éste. Lo que se vuelve figura se modifica y cambia a medida que el foco de atención de la mente cambia también. El fondo también puede determinar lo que hace figura para cada persona al cambiar y atraer el foco de atención de la mente. De esta manera, la mente es capaz de manejar la enorme cantidad de información.

Sam está afuera lavando su lancha. Está enfocado en quitarle la tierra y la mugre a la lancha. Mientras hace esto, su hijo se pasea en su triciclo cerca de ahí. El foco de atención de Sam cambia cuando su hijo se acerca demasiado a la calle. Su hijo se vuelve el centro de su atención cuando le pide, mientras continúa enjuagando la lancha, que se aleje de la calle. Su hijo obedece, y la atención de Sam regresa a la lancha. De pronto, la vejiga de Sam le empieza a enviar señales que, en un principio, ignora. Entonces, recibe señales suficientes como para hacerles caso y entra a la casa para aliviar su vejiga. Sale de la casa y ve que su hijo esté bien. Entonces, regresa a seguir lavando su lancha. Llega su hija, y Sam enfoca su energía en ella, saludándola y platicando con ella. Cuando ella se va a la casa, él vuelve a lavar la lancha. Ve su reloj, y se da cuenta de que tiene que ir a una reunión, así que rápidamente termina su labor, guarda su equipo y herramienta, y se prepara para salir.

El ejemplo anterior de la vida cotidiana demuestra cómo funciona la mente. A veces, la persona determina lo que es figura, y lo que es fondo. A veces, lo que ocurre en el fondo llama su atención; la persona lo puede ignorar, como lo hace Sam cuando ignora las señales de su vejiga, o puede actuar en consecuencia. La figura y el fondo están siempre cambiando, pero figura y fondo siempre están conectados.

La mente tiene la habilidad de enfocarse atentamente en algo, hasta excluir todo lo demás, aunque a veces en detrimento de todos. Esto puede tener consecuencias positivas y negativas.

A una clienta que tuve, le chocaron por atrás. Su médico me la refirió porque, aunque se había recuperado físicamente, emocionalmente, no lo había hecho. Ella decía que el accidente había ocurrido porque la otra conductora estaba hablando por celular. Mi cliente estaba furiosa porque la otra conductora seguía hablando por teléfono incluso después de que hubiera ocurrido el choque. Obviamente, la conductora había permanecido enfocada, tanto en su manejo, como en su conversación telefónica, pero algo debió haberse dicho que le hizo cambiar su enfoque para centrarse exclusivamente en la conversación, bloqueando por completo cualquier otra cosa. Incluso aún después de chocar contra el auto de mi cliente, ella siguió enfocada exclusivamente en la conversación telefónica. Este ejemplo muestra con qué fuerza puede bloquear la mente las cosas importantes, y el impacto que esto puede tener en los demás. Mi cliente se sentía ignorada y ninguneada, como si no existiera. Esto detonó sus asuntos de sentirse ignorada por sus familiares y compañeros de trabajo, entre otros. La inhabilidad de mi cliente de procesar su rabia hacia la conductora impedía su recuperación. Esto se relacionaba con otras personas con quienes se sentía ignorada, y con otras situaciones en su vida en las cuales se sentía como si no existiera. Ella tenía una razón válida para enfurecerse con la desconocida, por lo que era más fácil hacerla la figura de su rabia, y relegar al fondo su rabia hacia otras personas.

La atención se puede enfocar en la figura a tal grado que todo aquello que está en el fondo parece no existir. Esto tiene sus ventajas y desventajas. Se puede lograr mucho teniendo tal concentración. Sin embargo, también estamos muy vulnerables en esos momentos.

Una noche, mi gatita se escapó al jardín justo al atardecer. Ella se deleitaba en tenerme persiguiéndola. De repente, una palomilla revoloteó frente a ella, y ella quedó pasmada. Se olvidó por completo de mí. Pude atraparla fácilmente mientras su atención estaba completamente fija en aquella palomilla. Qué vulnerable estaba en ese momento.

Teoría del cambio en el Trabajo con Dos-Tús

El Trabajo con Dos-Tús es una manera específica de trabajar con divisiones y polaridades cuando se presentan en terapia. El terapeuta ayuda a separar las partes del self que están divididas o polarizadas y facilita la interacción entre ellas. Una parte, el Self Experiencial, es un organismo que intenta sobrevivir de la mejor manera posible. La otra parte, el Crítico, es la parte que está interactuando con el Self Experiencial en una forma que lo bloquea o que le resulta dañina de algún modo.

En terapia, los clientes presentan sus asuntos de muchas maneras. Los clientes frecuentemente se encuentran confundidos e indecisos. Este es el momento de usar el Trabajo con Dos-Tús -en el momento en que las divisiones y las polaridades emergen-. Una vez que se establece una alianza con el cliente, en vez de platicar largo y tendido sobre un conflicto interno, el terapeuta puede invitar al cliente a involucrarse en el Trabajo con Dos-Tús. Por ejemplo, un cliente que tiene una discapacidad dice, "Necesito regresar a trabajar, pero me da terror hacerlo." El conflicto interno cobra vida cuando el Crítico asusta al Self Experiencial. Ahora tanto el terapeuta como el cliente ven la calidad de la relación entre ambas partes. El cliente experimenta la dinámica de su relación con el self. Lo que experimenta en el trabajo es mucho más claro y más específico que lo que sucede en su cabeza cuando piensa en eso o incluso, cuando habla de ello. Ahora algo distinto puede suceder. El cambio empieza a ocurrir -a veces rápidamente, a veces lentamente-. Al usar el Trabajo con Dos-Tús, el terapeuta y el cliente pueden llegar rápidamente al fondo del asunto cuando trabajan con esas divisiones y polaridades en cuanto surgen en el trabajo.

La alianza terapéutica

Es importante que el terapeuta haya establecido una alianza y rapport con el cliente antes de involucrarse en el trabajo. El Trabajo con Dos-Tús puede tocar rápidamente asuntos fundamentales. La profundidad de la emoción evocada es a menudo intensa. Mientras más seguro se sienta el cliente con el terapeuta, más profundamente podrá permitirse llegar en su experiencia. Debido a que el cliente se vuelve vulnerable en el proceso, necesita confiar en que el terapeuta será capaz de lidiar con sus sentimientos intensos y que podrá lidiar con ellos de manera sensible y respetuosa. Para tener éxito al trabajar a través de los conflictos, el cliente debe creer que el terapeuta es competente para ayudarle a contactar y expresar sentimientos reprimidos que pudieran resurgir con una intensidad que le resulta atemorizante. El cliente debe tener la confianza de que el terapeuta no lo juzgará negativamente, se enfadará, o se conmocionará por lo que le sea revelado o compartido.

Teoría de Campo:

Cambiar el contexto puede cambiar el significado

Kurt Lewin desarrolló una teoría acerca del individuo y el entorno que se llama la Teoría de Campo. Lewin ve al individuo como parte de un campo dinámico o de un todo en el cual cualquier cambio en cualquier parte de la persona, o en cualquier parte del campo, afecta al sistema entero. Un campo se organiza aplicando el concepto figura/fondo. La motivación se basa en un modelo de reducción de la tensión. Cuando surge una necesidad en una persona, existe un aumento de tensión. A los objetos o las personas del entorno les es asignado un valor dependiendo de si podrían o no reducir la tensión. La valencia asignada a un objeto del campo puede ser distinta para distintas personas.

Lewin utilizó el ejemplo de un pajar en medio del campo durante la Primera Guerra Mundial. Un soldado alemán y una mujer francesa se reunían en el pajar. Para la mayoría de los soldados de cualquiera de los dos ejércitos, el pajar tenía una valencia negativa; el enemigo podría estar ahí escondido. Pero para los amantes, el pajar tenía una valencia positiva. El valor asignado a algo o a alguien en un campo determina el significado de situaciones y circunstancias. El mismo campo puede tener significados muy distintos para distintos individuos.

En mi oficina, el campo es la sala de terapia y todo aquello dentro de ella. Cuando estoy tratando a un cliente, el cliente se vuelve la figura, y todo el resto, incluyéndome a mí, se vuelve parte del fondo. Como parte del fondo están todas las experiencias que el cliente ha tenido en su vida antes de entrar al consultorio. Parte del fondo es todo lo que ha ocurrido en mi vida antes de que el cliente entrara al consultorio, incluyendo mi entrenamiento. Muchas veces, los clientes hablan del pasado, el reciente y el lejano. Conforme vamos trabajando juntos, las experiencias actuales del cliente suelen detonar asuntos y recuerdos del pasado, trayéndolos al primer plano. De esta manera, las experiencias del pasado se vuelven presentes y, si hay necesidad, son tratadas.

Cuando trabajo con un voluntario en un taller o en una conferencia, el campo es más grande; incluye a todos los demás asistentes en el salón también. Los demás asistentes pueden tener un impacto significativo en el trabajo del voluntario con sólo presenciar lo que ocurre. Cómo le impacta al voluntario con quien trabajo, depende del voluntario. Conforme se va desarrollando la sesión, no asumo que conozco el significado que el voluntario está construyendo a partir del trabajo. Verifico con el cliente cuál es el significado que está elaborando y qué valencia -positiva, negativa o neutra- le va dando a sus insights y experiencias en el momento.

La teoría de campo ayuda a organizar el trabajo y a darle sentido al trabajo. También muestra cómo hablar acerca de y re-experimentar el pasado puede cambiar el presente de manera terapéutica.

Cliente: "No puedo creer que me sienta así -¡Estoy en shock!-"

Terapeuta: "¿De qué manera te sientes? ¿Está bien para ti o no?"

Las personas frecuentemente se dicen unas a otras, "No tiene caso hablar del pasado, porque no se puede cambiar lo que pasó". En parte, concuerdo con esta afirmación. De lo que pocas personas se dan cuenta es que al hablar de lo ya sucedido, pueden cambiar lo que piensan y sienten al respecto. Cuando uno piensa y siente diferente con respecto al pasado, el presente adquiere un significado distinto. Al hablar de traumas del pasado y trabajar con ellos, las personas sanan a nivel emocional. Cuando uno se siente distinto en el presente, el futuro presenta nuevas posibilidades.

Los traumas del pasado son parte del trasfondo de la vida del cliente. Si ya sanaron, no hay problema; las experiencias añaden sabiduría a la base de conocimientos del cliente. Si no han sanado, normalmente operan de manera negativa, fuera de la consciencia del cliente. Si el cliente no está consciente de los traumas, no puede enfrentarlos. El Trabajo con Dos-Tús lleva los traumas no-sanados a un primer plano, en donde el cliente puede abordarlos y sanar de ellos. Hablar del pasado y revivir experiencias del pasado en el momento presente de la terapia puede hacer que el cliente le dé otro significado a los eventos del pasado. En terapia, cuando los clientes reviven sentimientos de eventos pasados, lo hacen en circunstancias nuevas con profesionales cualificados. Cuando el cliente era más joven, no tenía un self adulto. En el momento presente de la terapia, el cliente simultáneamente re-experimenta sentimientos y sensaciones de un evento del pasado y pone como observador del evento del pasado a su self actual. Asimismo, el cliente cuenta con el terapeuta para que le ayude a darle sentido al evento conforme lo revive. Al revivir un evento traumático, el cliente suele experimentar un insight. Puede ser que se dé cuenta de que el evento pasado no era tan malo como pensaba, o que era incluso peor de lo que creía, dado que era un niño o adulto joven en ese entonces. Su self adulto le ayuda a poner el evento en perspectiva, lo cual le otorga un significado diferente a las mismas circunstancias. Revivir sensaciones y sentimientos temidos evocados por el evento en el momento presente con el terapeuta puede cambiar la valencia de esos sentimientos de insoportables a desagradables, o incluso neutrales. Cuando esto sucede, el cliente puede finalmente dejar de evitar los sentimientos; puede soltar y expresarlos plenamente. Expresar sentimientos enterrados o bloqueados permite que una persona procese la emoción. Ahora la persona está cambiada en el presente. Los sentimientos, que dejaron de estar enterrados o bloqueados, ya no determinan los comportamientos actuales. La persona es libre de vivir como quiera. Más importante aún, las personas se dan cuenta de que al enfrentar sentimientos difíciles y procesarlos, los pueden tolerar. Lo mejor de todo, es que se sienten mejor, a menudo de una manera que nunca hubieran podido imaginar.

Soy un mal hermano

Yo estaba trabajando con Jim, un hombre en sus treintas que era muy duro consigo mismo. Durante un Trabajo con Dos-Tús, en el cual su Self Experiencial estaba siendo severamente criticado por su Crítico, el Crítico de Jim le dijo que era un "mal hermano". De pronto, con profunda emoción, Jim se acordó de una ocasión en la que él tenía veinte años. Recordó que se la estaba pasando bien con un amigo, sentado en una cafetería, comiendo una hamburguesa y unas papas, cuando otro amigo llegó a tocar a la puerta y le dijo que su hermana se había muerto en un accidente automovilístico. Él dijo que en lo único en lo que podía pensar era en lo ricas que estaban las papas. Concluyó que era un mal hermano porque lo que le importaba era algo trivial, y no su hermana.

Después de permitirle a Jim recuperar plenamente su recuerdo, opté por cambiar del Trabajo con Dos-Tús a un Reencuadre del incidente. Le dije que yo veía las circunstancias de otra manera, y le compartí mi interpretación del evento. Le dije que para él, la vida había sido realmente buena hasta antes de haber escuchado la terrible noticia. Estaba con su amigo, comiéndose una hamburguesa y unas papas. Cuando recibió la noticia, entró en shock. No quería creerlo. No quería aceptar que su hermana había muerto. Se enfocó en el estupendo sabor de las papas para transportarse de nuevo a lo buena que había sido la vida momentos antes. El rostro de Jim cambió; suspiró descansado, y lloró. Mi punto de vista le explicó por qué se había enfocado en el sabor de las papas, y validó que él era, de hecho, un hermano muy amoroso. Soltó su conclusión errónea, y abrazó su verdadera realidad -que era una buena persona, y un buen hermano-. No había necesidad de regresar al Trabajo con Dos-Tús en esa sesión.

La teoría del cambio en el Trabajo con Dos-Tús

A medida que emergen conflictos y polaridades en el momento presente en la terapia, el terapeuta comienza a emplear el Trabajo con Dos-Tús. Se invita al cliente a explorar aspectos de su self de una manera específica. Juntos, el terapeuta y el cliente identifican las dos partes del self que están en oposición, y entonces, el terapeuta facilita la interacción entre ambas partes, verbal y no-verbalmente. Una parte del self, el Self Experiencial, representa los deseos y las necesidades de la persona. La otra parte, el Crítico, representa los estándares y valores de la persona. A medida que se desarrolla la relación, un estilo de interacción se hace patente. En este punto, el Crítico es duro y crítico con el Self Experiencial. El Self Experiencial se siente no-visto, devaluado, no-escuchado, o malentendido por el Crítico. A medida que cada parte se va delineando más, cada una desarrolla su propio sentido de self. El terapeuta mantiene las dos partes en oposición, mientras propicia que continúe la interacción entre ellas. Alienta a cada parte a que hable abiertamente desde su posición, y facilita la alternancia entre ellas. Cada parte empieza a modificarse y cambiar. El terapeuta trabaja con los cambios, manteniendo la interacción entre las dos partes. Los deseos y las necesidades del Self Experiencial empiezan a cambiar. Se modifican los estándares y valores del Crítico. En el camino, hay un punto en el que se presenta una resistencia al cambio -a soltar esa manera de ser que le resulta familiar y que ha funcionado por años- y las dos partes se quedan atascadas. El terapeuta y el cliente siguen trabajando para pasar ese punto de estancamiento. El Crítico eventualmente se suaviza y siente compasión y miedo hacia el Self Experiencial. A veces, las dos partes se alinean espontáneamente pero con frecuencia, las dos partes necesitan encontrar la manera de ser distintos uno con el otro de manera funcional antes de alinearse. Cuando las dos partes llegan a un acuerdo, el trabajo llega a su cierre. El cliente y el terapeuta hacen una recapitulación del trabajo. El cliente experimenta y explora esta nueva manera de ser hasta la siguiente sesión.

Etapas del Trabajo con Dos-Tús

El papel del terapeuta consiste en guiar y apoyar al cliente durante las etapas a medida que cada conflicto emerge a un primer plano y que cada parte alienada es reconocida. El trabajo termina cuando ya no hay más conflictos internos, y en caso de que emerjan nuevos conflictos, el cliente es capaz de resolverlos por su cuenta. Las etapas son la siguientes:

Inicio:

El cliente manifiesta conflicto interno en la sesión y el terapeuta empieza a trabajar con el conflicto, en vez de hablar acerca de él.

Etapa 1: Separación:

Las partes del conflicto son identificadas, separadas, y puestas en oposición entre sí. Parte de la energía del self se divide y se vuelca en contra de sí misma.

Relación:

El terapeuta facilita la interacción verbal y no-verbal entre las dos partes. Una parte evoluciona como el Self Experiencial, que tiene necesidades y deseos. La otra parte evoluciona como el Crítico, que tiene estándares y valores. El Crítico normalmente es severo y juzga al Self Experiencial.

Etapa de estancamiento:

Una o ambas partes se resisten al cambio -es decir, ninguna parte quiere renunciar a su manera de ser en el mundo que le ha ayudado a sobrevivir hasta entonces-.

Etapa 2, Fusión:

El Crítico se suaviza y muestra compasión o miedo hacia el Self Experiencial. El Self Experiencial se siente valorado por el Crítico. Las partes cambian y comienzan a fusionarse en un nuevo self.

Etapa 3, Integración:

El resultado de la Fusión es la Integración. El nuevo self es creado a partir de dos partes cambiadas que se fusionan en un todo unificado. La energía del self ahora está alineada y disponible para el self para vivir la vida de una manera nueva.

El Trabajo con Dos-Tús tiende a evolucionar desde divisiones superficiales a divisiones profundas y medulares. Conforme el cliente reconoce o se "apropia" de más aspectos del self, éstos se vuelven más conscientes. Esto le permite tener acceso a recursos internos que no sabía que tenía para resolver conflictos internos.

Resumen

Este capítulo proporcionó al terapeuta teoría para guiar su trabajo. Revisó la manera en que los indivídulos evolucionan de manera sana, y cómo desarrollan divisiones en torno a polaridades específicas que impiden su sano crecimiento emocional. Los conceptos de figura/fondo, aquí y ahora, y Teoría de Campo ofrecen un marco teórico para trabajar hacia el cambio. Este capítulo presentó las etapas del Trabajo con Dos-Tús, y cómo evolucionan conforme cada parte del self cambia, y se integra en un todo unificado.

Capítulo Tres

Las herramientas básicas: Las dos partes de la división

Lo que se necesita para cambiar a una persona, es cambiar la consciencia que tiene de sí misma.
- Abraham Maslow.

Los terapeutas necesitan una manera sencilla de visualizar los conflictos que los clientes manifiestan continuamente, para poder tratarlos de forma eficaz en terapia. En este capítulo, identifico las dos escisiones -Self-vs-Self y Self-vs-Otro (o Cosa)- y utilizo esto como marco conceptual para trabajar con el conflicto interno. Hablo de la importancia de que partes del self -el Self Experiencial, y el Crítico- interactúen, y presento los conceptos de introyección, retroflexión y proyección para explicar las distintas maneras en las que el self y su energía pueden llegar a separarse, y cómo es que ciertas partes del self llegan a ser alienadas.

Entendiendo la relación con el Self

Como se mencionó anteriormente, los seres humanos somos organismos. Llegar a este planeta no fue nuestra elección, e intentamos sobrevivir de la mejor manera posible. ¿Cómo sabemos que existimos? Todos nuestros sentidos -vista, oído, gusto, tacto y olfato- reciben información del universo y mandan los datos a nuestro cerebro. Informes recientes indican que tenemos al menos 21 sentidos, lo cual significa que tenemos más sentidos que aquellos de los cuales somos conscientes. Nuestro cerebro registra y organiza la información en categorías y patrones y le da sentido. Esto nos permite saber qué es seguro y qué no lo es para así sobrevivir mejor y abrirnos camino por la vida.

Lo que tenemos los humanos que otros organismos no tienen, es la habilidad de pensar acerca de nuestro organismo. Debido a que parte de nuestro cerebro es capaz de razonar, analizar, y dar sentido a la información que percibe nuestro Self Experiencial, es como si tuviéramos dos selves[2]. La capacidad de pensar acerca de nuestro propio organismo hace que podamos tener una relación con nosotros mismos. Es la calidad de esa relación que tenemos con nosotros mismos la que importa.

2   N. del t.: selves plural de self

En la vida cotidiana, las personas expresan su relación con su self a través de sus palabras y acciones. Algunas personas se apoyan y se cuidan a sí mismas, mientras que otras se menosprecian a sí mismas.

Ejemplos:

a) Apoyadora: Estoy orgulloso por la manera en la que resistí cuando las cosas se pusieron difíciles.

b) Apoyadora: Me siento satisfecho con mi desempeño de este día.

c) Apoyadora: Me armé de valor al presentar mi solicitud para ese puesto.

d) Manipuladora: Aún cuando estaba demasiado cansado, me obligué a salir con mi amiga para no decepcionarla.

e) Valuadora: ¡Tengo unos músculos abdominales fabulosos!

f) Apoyadora: Cuando terminé ese gran proyecto, me tomé dos días para descansar.

g) Restrictiva: Me moría de ganas de decir algo, pero me mordí la lengua.

h) Saboteadora: Me enfermé por trabajar en este proyecto.

i) Menospreciadora: Me odio.

j) Menospreciadora: Soy tonto/malo/perezoso/ridículo/feo/gordo/ poco deseable, etc.

Las personas también muestran divisiones con sus conductas. Cuando las personas están ansiosas y estresadas, tienen más adrenalina en su torrente sanguíneo, lo cual permite que sus músculos tengan más energía para moverse. Con frecuencia, ese movimiento se convierte en un ataque contra sí mismos. Por ejemplo, una mujer se muerde las uñas, un niño hace nudos en su cabello, un hombre se jala constantemente el bigote, y otra persona golpea su mano contra su cabeza.

Los terapeutas particularmente, pueden escuchar esas relaciones de sus clientes consigo mismos. Sucede a menudo que al comenzar la terapia, los clientes tienen una visión más negativa que positiva con respecto a sí mismos y, conforme avanza la terapia, dicha visión se vuelve más positiva que negativa -señales de que la terapia está funcionando-.

41

Que una persona se ataque a sí misma, es señal de que ha ocurrido una división interna. La energía del self se ha escindido y está trabajando en contra de sí misma. Cuando las personas se valoran y se apoyan a sí mismas, no están divididas. Las partes del self están alineadas, y toda la energía del self está fluyendo en la misma dirección.

Calidad de la interacción

¡La forma en que nos relacionamos con nosotros mismos impacta de manera significativa en la forma en que vivimos nuestra vida!

La manera en que el Self Experiencial y el Crítico se relacionen determinará nuestra autoestima. Cuando nos tratamos bien, nuestra autoestima se eleva. Es más probable que nos vaya bien, que tomemos decisiones sanas, que tengamos buenas relaciones y que seamos felices. Nos es más fácil accesar a nuestros recursos internos. Cuando nos tratamos mal, nuestra autoestima sufre. Es más probable que nos vaya mal, que tomemos decisiones inadecuadas, que tengamos relaciones problemáticas, y que seamos infelices. Nos es más difícil accesar a nuestros recursos internos.

El Trabajo con Dos-Tús se enfoca en la relación entre el Self Experiencial y el Crítico. Este método terapéutico ha sido diseñado para identificar y validar la interacción sana entre las dos partes del self para poder construir un cimiento sólido para todo el self. El Trabajo con Dos-Tús identifica las maneras poco sanas en las cuales los clientes interactúan consigo mismos. Se enfoca en las dinámicas internas negativas para ajustarlas y cambiarlas por otras positivas. Los deseos y las necesidades del Self Experiencial, más los estándares y valores del Critico están en el núcleo de esta interacción. La Integración es el resultado de alinear los deseos y las necesidades con los estándares y los valores.

La meta del Trabajo con Dos-Tús consiste también en identificar en dónde y cómo la energía se encuentra en oposición, y luego trabaja con el Self Experiencial y el Crítico hasta que la energía es realineada. El Crítico tiene mucha energía cuando "le da una paliza" al Self Experiencial. El Self Experiencial tiene que usar parte de su energía para fortalecerse contra el ataque. Esa misma energía podría ser utilizada de otra manera. Una vez que las necesidades y los deseos del Self Experiencial han sido alineados con los estándares y los valores del Crítico, la energía está alineada y podrá ser usada ahora de manera positiva. El poder del bravucón puede transformarse en el poder del defensor.

Es importante tener en cuenta que el contexto de la situación del cliente y de sus circunstancias, siempre debe ser considerado en el Trabajo con

Dos-Tús. Por ejemplo, para sobrevivir en tiempos de guerra, podría ser fundamental retener o esconder lo que uno piensa y hace, y estando en un hogar abusivo, normalmente es demasiado peligroso para un niño intentar defenderse.

Confluencia

Cuando un cliente llega a la puerta del terapeuta, está experimentando varios grados de confluencia. La confluencia es cuando se fusionan aspectos del self de manera tal, que sus diferencias quedan borradas o bloqueadas. Cuando las personas están conflictuadas y son conscientes de ello, el grado de confluencia puede variar de bajo a alto. En la confluencia, los deseos y las necesidades del Self Experiencial se han confundido con los estándares y valores del Critico, y se han vuelto inseparables. Cuando las personas no son conscientes de que están conflictuadas, la diferencia se bloquea por completo. Es como si se hubieran desconectado de esta parte de ellos mismos. Las dos partes del self están en confluencia total. Están tan enmarañadas e indistinguibles la una de la otra, que es como si fueran dos madejas de estambre de colores similares enredadas entre sí. El crecimiento y el cambio no son posibles cuando se está en este estado.

El siguiente ejercicio te permitirá tener una experiencia que te ilustrará el concepto de confluencia.

Ejercicio:

Coloca tu mano extendida sobre una superficie. Pídele a alguien que coloque un objeto pequeño bajo tu mano. (Sugerencias: botón pequeño, moneda delgada, semilla de calabaza, uva pasa, cuenta, clip metálico, etc.). Al principio, probablemente no sentirás nada, y dudarás, incluso, si en verdad pusieron algo bajo tu mano o no. Éste es el estado de confluencia. El objeto está ahí, pero no hay conciencia de él. Hasta este punto, no puedes creer que haya algo ahí. Y si hay algo, no tienes idea de qué es, ni de qué hacer con él. No puedes usarlo.

Con los ojos cerrados, empieza poco a poco a mover tu mano, hasta que puedas sentirlo. En el momento en que lo sientes, se convierte en algo distinto de tu mano, algo separado. En este momento, probablemente aún no sepas qué es, así que todavía no sabes qué hacer con él, ni cómo se podría usar. De nuevo, lentamente, mueve tu mano un poco más, levanta el objeto, huélelo, muérdelo, y eventualmente, abre tus ojos. Éste es un estado de confluencia aún. La diferencia es que ahora ya sabes que hay algo ahí, pero aún no sabes qué puede ser. En algún punto de esta exploración, finalmente sabrás qué es ese objeto -ese instante es el momento "ajá" de la comprensión; es el momento en el cual el objeto cobra un sentido para ti-. Ahora el objeto está separado de ti. Ahora sabes si ese objeto es seguro o peligroso, si es útil o no, y en caso de que lo sea, de qué manera lo es. Tu conciencia del objeto cambia, de no ser percibido, a ser experimentado, pero de forma borrosa y poco clara, hasta llegar a ser completamente clara

Imagina que el objeto del ejercicio anterior es un aspecto del self. Podría ser la creatividad, el poder, el talento, la inteligencia, o la capacidad atlética. Por ejemplo, un hombre se desconecta de su poder personal porque se ha prometido a sí mismo no ser nunca como su padre enojón, o una mujer desconoce su capacidad atlética porque a lo largo de su vida constantemente le repitieron que era torpe. Al principio, ignoran por completo que cuentan con este recurso, habilidad o talento. Pero, poco a poco, ciertos destellos o ciertas ideas que vislumbran les llevan a pensar que quizá sí lo tienen. Estos pensamientos son validados por algunas experiencias que al principio minimizaban o que ni siquiera tomaban en cuenta. Después de un tiempo, ya con más experiencias vividas, empiezan a creérselo. Una vez que se lo creen, es decir, que se apropian de estos recursos internos, entonces pueden utilizarlos como ellos quieran y de acuerdo con su estilo personal.

A menudo, la parte alienada corresponde a una experiencia traumática que no ha sanado -una vieja herida emocional que está supurando-. La horrible experiencia fue encerrada en alguna parte del cerebro por miedo a volver a experimentar los sentimientos terribles que le acompañaron. Aunque una parte del self fue desconectada, sigue influyendo en la conducta de formas que son difíciles o imposibles de detectar o predecir. Las personas se sabotean a sí mismas y no tienen la menor idea de por qué lo hacen. Un viejo trauma puede ser tratado una vez que se vuelve consciente, y es entonces cuando la confluencia puede ser tratada. Una vez que esto ha sanado, las personas cambian de manera positiva. Se vuelven más sanas -más capaces de ser quienes son en realidad-.

La conciencia es la clave del cambio

Las personas no pueden cambiar lo que no conocen. En el ejercicio anterior, la conciencia del objeto aumenta a lo largo del ejercicio cuando la mano y el objeto se vuelven distintos uno del otro. Pudiera ser que una persona esté motivada para trabajar fuertemente para lograr el éxito, pero no tiene permiso de sí mismo para realmente lograrlo. Si la persona no sabe esto acerca de sí, no puede hacer nada al respecto. Cuando se vuelve consciente de que ella misma no se da permiso de alcanzar el éxito, puede trabajar con este conflicto interno y modificarlo. Una vez que las personas se dan cuenta de que se están frenando a sí mismas, o de que se están tratando mal de alguna otra forma, pueden enfrentarlo y cambiar su relación con el self. Ser consciente de algo no significa que será fácil cambiar; significa simplemente que ahora ya es posible hacerlo. Una vez que conocen cuál es su dinámica interna problemática, algunas personas pueden hacer los cambios necesarios por su cuenta, mientras que otras necesitan ayuda profesional.

Introyección: asumir intactos los estándares y los valores de otros, sin examinarlos ni cuestionarlos.

Metáfora: tragar una moneda.

Asimilación: integrar los aspectos de los estándares y de los valores de otros que se alinean con la identidad del self, y rechazar las partes que no se ajustan.

Metáfora: comer una manzana

El Trabajo con Dos-Tús ayuda a los clientes a tomar conciencia de lo que se hacen a sí mismos, y de cómo lo hacen. Al ser conscientes, tienen una opción. Pueden continuar haciendo las mismas cosas que han venido haciendo. Puede, incluso, haber momentos en los que esos comportamientos habituales resulten apropiados y productivos. O, pueden experimentar con nuevos comportamientos, desechando aquellos que no funcionen y conservando los que sí.

Integración

La Integración es el resultado de la alineación de los estándares y valores con los deseos y necesidades. Una persona cuestiona los estándares y valores con los cuales creció (o con los cuales vive como adulto); ajusta o rechaza aquellos que no encajan con su personalidad o con sus circunstancias, quedándose con aquellos que sí. Ahora, cuando mantiene estándares y valores que le fueron enseñados o que absorbió, se vuelven propios porque embonan con sus deseos y necesidades, dando sentido a su vida. Con estándares y valores alineados con los deseos y necesidades, la energía del individuo fluye en la misma dirección y está disponible para vivir la vida.

Joey creció con la jardinería. Era algo que valoraban sus padres. Cuando su padre insistió en que Joey le ayudara con el trabajo, Joey al principio se resistió, pero luego se dio cuenta de que le encantaba. Tenía un interés natural y lo disfrutaba. Cuando se volvió adulto, Joey tenía un jardín propio no porque "tuviera que" o porque "debiera", sino porque sentía pasión por él.

Como niño, Joey asimiló o absorbió el valor que le daban sus padres a la jardinería. Al ir creciendo, iba integrando el valor de la jardinería con su propio interés natural y su goce de la actividad. El valor de la jardinería se volvió propio.

Linda, Susan y Jack crecieron en una familia religiosa. Cuando Jack estaba en sus últimos años de adolescencia, rechazó la religión de su familia y exploró otras religiones por un tiempo, provocando un fuerte disgusto a sus padres. Después de algunos años, Jack regresó a la religión en la cual había crecido, y la adoptó, pero bajo sus propios términos. Linda nunca rechazó la religión familiar porque no quería angustiar a sus padres. Ella estaba demasiado enfocada en su necesidad de aprobación como para explorar lo que la religión significaba para ella como adulto. Susan tampoco rechazó la religión familiar. De niña, les seguía la corriente a sus padres en cuanto a lo que ellos querían que ella creyera. Al llegar a la adolescencia, la religión parecía hablarle y le ayudó a encaminar su vida. Cuando creció, continuó acogiendo la religión con base en el significado personal que ésta le daba a su vida.

Los tres niños aprendieron y experimentaron la religión familiar que valoraban sus padres. Conforme los niños maduran, responden de diferentes maneras. Jack rechaza la religión, explora otras posibilidades y luego regresa a ella. Ahora, integra la religión a sus propios estándares y valores, no a los de sus padres. Linda tiene ciertas dificultades con la religión de la familia, pero debido a que ella necesita de la aprobación de sus padres y no le gusta el conflicto, no reevalúa la religión ni la integra a sus propios estándares y valores. No lo integra a quien ella es como persona. Susan acepta la religión familiar de niña porque sus padres la exponían a ella. Crece, y adopta la religión porque le da un significado personal a su vida, no el significado de sus padres. Ella la integra con quien es ella como persona.

Todos los niños tienen el mismo origen genético, y son influenciados por un entorno similar. El orden de nacimiento hace que ese entorno sea algo diferente. Jack desarrollo una división; rechazó la religión, y luego lo resolvió al integrarla con quien él es como persona. Linda desarrolla una división y no la resuelve, se desconecta de ella. Susan al principio acepta la religión porque fue expuesta a ella, y luego la integra con sus propios estándares y valores, necesidades y deseos. Cada niño es un individuo único y se relaciona con su entorno y con sus experiencias de la infancia a su manera.

Las Dos Divisiones

La división del Self-vs-Self se produce cuando partes del self están en conflicto o alienadas, mientras que la división Self-vs-Otro (o Cosa) se crea al negar o alienar los propios pensamientos, acciones y sentimientos y atribuirlos a alguien o algo más en el entorno. Cuando las personas hacen esto, asumen y hasta se convencen de que ellos no son el problema -el otro o la cosa es el problema-. Les falta conciencia del self.

Cuando el cliente habla de sus problemas y preocupaciones le da al terapeuta indicadores de que está dividido en torno a uno o más asuntos. La mayoría de los síntomas del conflicto son ambivalencia y confusión, pero a veces, pueden ser definitivos, como en "me odio a mí mismo" y "no hay manera de llenar las expectativas que los otros tienen puestas en mí". Su comportamiento verbal y no-verbal expresa la mezcla de sentimientos, pensamientos y acciones.

Normalmente, las personas experimentan divisiones con cierta frecuencia, y las resuelven de manera rápida y fácil. Hay energía que emana de nuestro ser. Si no existen interrupciones ni interferencias, esa energía se irradia o fluye hacia el mundo, canalizado por el individuo. Sin embargo, la vida frecuentemente presenta obstáculos, cambios y sorpresas. Al lidiar con lo que la vida presenta, la energía de una persona se puede dividir y trabajar en contra de sí misma. La división puede ser simple y evidente, como "necesito un coche para ir al trabajo, pero no lo puedo pagar". O, puede ser más sutil, como en "sigo tomando cursos, pero renuncio antes de completarlos. Me emociona el curso cuando empiezo, pero de alguna manera pierdo el interés a la mitad". Una división también se evidencia cuando lo que una persona dice no concuerda con lo que hace.

Quiero ser un mejor padre. (La persona no toma ninguna acción, como tomar un curso para padres, ni lee libros para padres, ni consulta a algún profesional ni a las personas a las que considera "buenos padres").

Las divisiones evolucionan

El terapeuta inicia un Trabajo con Dos-Tús cuando emerge una división en el momento. Conforme se mueve la división, el terapeuta guía el trabajo. Una división Self-vs-Self puede evolucionar hacia una división Self-vs-Otro, y luego de nuevo hacia una división Self-vs-Self que luego va hacia la integración.

Mientras el trabajo entre los dos "selves[3]" avanza, el Self Experiencial puede recordar un sueño o un recuerdo temprano. El terapeuta explora el sueño o el recuerdo y cómo se relaciona con las partes en conflicto del self. El trabajo continúa hasta llegar a la integración o hasta que se termina la sesión.

El Gato Rebota

Sherry *trabajaba mucho. Le preocupaba ser una adicta al trabajo y no poder dejar de trabajar. Se preguntaba si estaba evadiendo algo al trabajar tanto. Yo le pedí que trabajara con las dos partes de ella misma -la parte que trabajaba y la que le decía que había algo mal en ella porque no se podía relajar-. La parte que le decía que no podía relajarse se volvió el Crítico, y la parte que trabajaba, el Self Experiencial. El Self Experiencial explicó que amaba trabajar y que no necesitaba mucho descanso. El Crítico la acusaba de estar evitando algo. Despúes de varios intercambios en el diálogo, el Crítico se detuvo y guardó silencio. Le pregunté qué estaba pasando. El Crítico dijo "veo un gato acurrucado, dormido en una silla". Esto representa un cambio de una división Self-vs-Self a una de Self-vs-Cosa. La mente creativa de Sherry había inventado espontáneamente una metáfora que representara a su Self Experiencial. Le pedí que se convirtiera en el gato. Se cambió a la posición del Self Experiencial y habló como si fuera el gato. Como el gato, ella decía no necesitar mucho descanso. Ella estaba plenamente relajada en ese momento, y podía saltar (es decir, pasar de la relajación al trabajo) en cualquier momento y hacer lo que se tuviera que hacer. Se cambió de vuelta a la posición del Crítico, y dijo "oh, está bien, en verdad sí sabes relajarte. Ya entendí. No estás evadiendo nada; realmente amas trabajar. Ahora lo acepto." [Integración]. Entonces, Sherry me volteó a ver y me dijo "pero mi esposo no acepta eso." [Surge una división*

---

3   N. del t.: selves plural de self

del Self-vs-Otro]. Le dije a Sherry que ya había resuelto el conflicto en su interior, y que ahora tendría que lidiar con el conflicto entre ella y su esposo. Como se había terminado el tiempo de la sesión, le dije que lo abordaríamos en la siguiente. Le recomendé a Sherry tener otra plática con su esposo porque ahora que ella ya estaba clara en su interior, podría estar más clara con su esposo; algo distinto podría ocurrir entonces entre ellos.

Al inicio del trabajo, Sherry estaba en conflicto con respecto a si era o no capaz de relajarse. En el trabajo, Sherry se aclaró a sí misma que ella sí sabía relajarse y descansar lo necesario. Al hablar como el gato, Sherry se identifica con las características del gato con el cual se relaciona como persona. Se aseguró de no estar evadiendo nada. Ahora que ya tenía claridad dentro de sí, ya no iba a enviar mensajes contradictorios a su esposo. Podría ser distinta con él cuando hablaran. Tal vez su esposo se sentiría reafirmado y dejaría pasar el asunto. Por el otro lado, seguramente emergería un asunto subyacente, como que su esposo querría más tiempo de calidad con ella.

Tres maneras en que las divisiones se forman

1. Introyección: División del Self-vs-Otro

Introyección: Absorber los estándares y valores de los demás sin conciencia ni elección. Los niños y los adultos absorben estándares y valores del entorno en el que viven. Los niños aprenden los estándares y valores de sus padres y de integrantes de la familia extendida observando lo que sus padres hacen y dicen, y los experimentan a través de la disciplina y las reglas. De la misma manera, aprenden los estándares y valores de la sociedad al ir a la escuela, y al ver televisión, películas, juegos, y jugando videojuegos.

Madurar tiene que ver con aprender los estándares y valores de la cultura. Los niños están aprendiendo los estándares y valores de los demás todo el tiempo, a través de las palabras, de las experiencias, de las consecuencias y de las acciones. No pueden escapar de ellos. De esta manera, los niños introyectarán, o absorberán, muchos de los estándares y valores de sus parientes, profesores y miembros de la comunidad, y los integrarán a sus deseos y necesidades, mientras que rechazarán otros.

Los adultos también introyectan estándares y valores de su cultura. Cuando los adultos se casan y viven juntos, tienen que resolver sus diferencias en estándares y valores. Las parejas exitosas las integran, construyendo sobre los estándares y valores con los cuales están de acuerdo y resolviendo las diferencias en aquellos con los que no están de acuerdo. Para resolver los desacuerdos, cada miembro de la pareja se mueve y cambia hasta que sus estándares y valores se alinean, sin perder su sentido de self.

La asimilación es la absorción de estándares y valores que se ajustan al individuo. Parte de la posibilidad de que la persona alcance su propio potencial como individuo único consiste en asimilar aquellos estándares y valores que realmente encajan con quien es, y quitar y revisar aquellos que ya no son apropiados o que nunca lo fueron. Un niño pequeño necesita reglas y guía de los padres para crecer, pero cuando ya es adulto, no necesita el mismo nivel de protección y guía, si es que las necesita. La diferencia es que, como adulto, puede consultar con sus padres sobre sus estándares y valores y después tomar decisiones por sí mismo.

En la adultez, las personas revisan de manera natural, o actualizan sus estándares y valores y los integran a sus deseos y necesidades como adultos. Las personas pueden revisar estándares y valores obsoletos con los deseos y necesidades de adulto si notan que requieren algún ajuste. Sin embargo, algunas personas no revisan sus estándares y valores y se quedan con aquellos que tenían sentido y que eran válidos cuando eran niños, aún cuando ya no sean válidos como adultos. Tal vez, por ejemplo, se mudaron a un lugar en el que los estándares y valores son distintos, pero siguen manteniendo aquellos que no encajan en su nuevo ambiente. Muchas personas que han vivido en otro país por algún tiempo, regresan a su país de origen y se sorprenden al ver que los estándares y valores siguieron cambiando cuando se fueron. Cuando ocurren interrupciones y cambios, las divisiones del Self-vs-Self se crean con frecuencia. Algo de la energía de la persona se divide y trabaja en contra de sí misma. No hay, por tanto, energía disponible para vivir la vida diaria.

La siguiente historia muestra cómo las conductas pueden ser transmitidas de generación en generación.

Mi mamá siempre lo hacía así

Una niña pequeña observa a su madre mientras prepara un asado para cenar. Su madre corta un poco de la carne al final de ambos extremos. "¿Por qué lo hiciste?" pregunta la niña. "No lo sé; pero siempre lo hago," respondió la madre. De nuevo, la pequeña preguntó, "¿Pero por qué?" "Porque mi madre siempre lo hacía así." La niña insistió, "¿Pero por qué lo hacía la abuela?" La madre estaba ocupada haciendo la cena y respondió, "Ve y pregúntale; está en la sala". La pequeña corrió a la sala y le preguntó a la abuela. "Mamá dice que siempre le cortabas los extremos a la carne del asado cuando la cocinabas. ¿Por qué lo hacías?" La abuela miró a la nieta y le dijo, "Bueno, éramos tan pobres que no tenía suficiente dinero como para comprar una olla lo suficientemente grande para que el asado cupiera, así que le cortaba ambos extremos para que cupiera."

Esta historia demuestra cómo inicialmente existe una razón lógica para emprender una conducta, tal como cortar los extremos del asado porque no hay olla lo suficientemente grande. Pero a medida que pasa el tiempo y las circunstancias cambian, la razón deja de ser válida. Si la siguiente generación no reexamina los comportamientos, revisándolos o descartándolos según sea necesario, éstos continúan. Aquellas conductas se ejecutan como rituales más que como comportamientos lógicos.

Llegar a ser la enfermera que mamá quería ser

Rose *se hizo enfermera por insistencia de su madre. Su madre, Betty, valoraba la enfermería como profesión, y al crecer, quería ser enfermera, pero su padre no se lo permitió. Rose estaba motivada mientras trabajaba por obtener su licenciatura, pero un año después de obtenerla, se deprimió. No sabía por qué.*

Sin darse cuenta, Rose había cumplido el sueño de su madre, no el propio. Una vez que se graduó, la elección dejó de tener sentido para ella. Ahora estaba conflictuada sobre si debía seguir en la profesión para la cual estaba calificada, pero que no tenía ningún sentido para ella, o hacer algo más. Rose se había enfocado tanto en la pasión de su madre, que no estaba lo suficientemente en contacto con sus propias pasiones e intereses como para saber qué podía darle sentido a su vida.

El matrimonio es para siempre

*Nadie en la familia de **Larry** se había divorciado. De hecho, todos se habían casado solamente una vez, incluyendo los dos tíos de Larry que nunca se volvieron a casar, ni tuvieron pareja después de que sus esposas murieron. Larry era extremadamente infeliz en su matrimonio. Quería salirse de él, pero había un fuerte mensaje en la familia de que el matrimonio es para siempre.*

Larry había introyectado el valor del matrimonio de su familia. Se quiere salir, pero cree que no debe divorciarse nunca. Ahora está en conflicto porque sus necesidades y deseos están en conflicto con sus estándares y valores.

2. Retroflexión: División del Self-vs-Self

Retroflexión: Regresar o bloquear la energía del self para evitar que salga al mundo. (es decir, impedirse a uno mismo ser feliz)

Te tengo miedo, así que me vuelvo contra mí mismo en vez de enfrentarte

__Charlie__ critica la manera en que su esposa cría a sus hijos. Quiere discutir esto con ella, pero tiene miedo de que se enoje. Sin darse cuenta, se saca de la manga una crítica a sí mismo; pasa tanto tiempo fuera por trabajo, que no ayuda lo suficiente con los niños. En vez de expresarle su preocupación a ella, vuelve su criticismo en contra de él mismo. Al hacerse sentir culpable, Charlie evita el conflicto con ella.

__Greg__, un adolescente, está furioso con su padre por haberle quitado su videojuego. No era lo suficientemente fuerte como para pelear con su padre, así que hizo pedazos su cuarto y todas sus pertenencias. Greg está lleno de rabia contra su padre, pero no es lo suficientemente grande y fuerte como para confrontarlo. Vuelca su rabia hacia sí mismo al hacer pedazos su propio cuarto y sus propias pertenencias.

3. Proyección: División del Self-vs-Otro

Proyección: desconocer uno o más aspectos del self y proyectarlos en algo o alguien más, para después creer y comportarse como si la otra persona o cosa realmente tuvieran esos aspectos.

No me amo, así que nadie más puede amarme

__Peter__ cree que no es digno de ser amado. No se ama a sí mismo. Ama a su novia, pero cree que ella no lo ama. Siempre está probándola. Ella sí lo ama y lo demuestra con sus actos. Trata de asegurarle a Peter que en verdad lo quiere, pero mientras más trata de convencerlo, más duda él de ella.

La novia de Peter lo ama, pero él proyecta su propia incapacidad de amarse a sí mismo en ella y está convencido de que ella no lo ama.

No puedo ser inteligente, así que regalo mi inteligencia

Ryan es un hombre listo, pero no cree serlo. Cree que todos sus colegas son más listos que él. Él se la pasa dándole crédito a sus colegas por ideas que él tiene. Ellos saben que Ryan es listo, pero les gusta tomar el crédito por sus ideas. Ryan está resentido, pero no está seguro de la razón.

Ryan es inteligente, pero no cree serlo. Proyecta su inteligencia en sus colegas, e imagina que son más inteligentes de lo que en verdad son, y más inteligentes que él. Su resentimiento se origina por no recibir el crédito que merece.

¿Cuándo una división no es una división?

1. No hay señales de angustia o de lucha.

Cuando las personas tienen sentimientos encontrados con respecto a un asunto, pero no muestran angustia ni agitación al hablar de él, normalmente no se trata de una división. En una auténtica división, hay un toque de angustia y/o lucha.

Mary, una estudiante que lucha, se queja de la escuela y habla de abandonar sus estudios universitarios. Estudia duro, obtiene buenas calificaciones, y asiste a todas sus clases.

Mary se queja de lo difícil que se le hace el trabajo, sin embargo, toda su energía está enfocada en las tareas de su curso, lo cual muestra que está completamente comprometida en continuar con el programa. No tiene intención de desertar.

2. Las fuerzas en contra del cliente son reales.

Una división no es una división cuando las fuerzas en contra de la persona están realmente ahí, y los pensamientos y los sentimientos no están proyectados en algo o en alguien más.

Deidre se pregunta por qué su amiga, Ginny, está enojada con ella. Deidre no está enojada con Ginny. Ginny está enojada con Deidre por llegar siempre tarde, pero no se lo ha dicho.

Deidre no está proyectando sus pensamientos o sentimientos en su amiga. Ginny está realmente enojada con Deidre. Deidre no está teniendo un conflicto interno, sino un conflicto real con su amiga.

Bill se queja de que no hay trabajos disponibles.

Existe una recesión, y Bill no puede encontrar trabajo. Él realmente quiere trabajar, pero debido a los tiempos tan difíciles, no puede encontrar trabajo. No está siendo flojo ni irresponsable.

Resumen

Este capítulo simplificó la dinámica de la relación con el self y cómo trabajar con ella. Cuando los clientes acuden por primera vez a terapia, aspectos del self se encuentran en confluencia. Establecí cómo separar los aspectos del self y entender la calidad de la interacción entre ellos. A medida que el cliente obtiene información sobre cada parte de sí mismo, y sobre cómo interactúan, su conciencia del self aumenta. Definí y expliqué los conceptos principales del Trabajo con Dos-Tús -las dos divisiones: la división del Self-vs-Self, y la división del Self-vs-Otro (o Cosa)-. Expliqué cómo los clientes manifiestan cada división y cómo a través de la introyección, retroflexión y proyección, se desarrollan las divisiones en la psique. Finalmente, indiqué cómo diferenciar un conflicto interno de un conflicto real, con otro(s).

Capítulo Cuatro

Empezando el Trabajo

Nadie puede retroceder y comenzar de nuevo, pero cualquiera puede empezar hoy y crear un nuevo final.
-Marie Robinson

Este capítulo prepara al terapeuta para que inicie el Trabajo con Dos-Tús con los clientes identificando los indicadores verbales y no verbales del conflicto interno. Proporciono varias estrategias específicas que aproximan el Trabajo con Dos-Tús, seguidas por estrategias para iniciar el trabajo de lleno por primera vez. Explico cómo separar los aspectos en conflicto del self del cliente y cómo ponerlos en interacción unos con otros. Para mantener el trabajo fluyendo, explico cómo mantener las partes en oposición y cómo convertir la resistencia en acción. Conversaciones simuladas entre terapeuta/cliente que se encuentran en el transcurso demuestran cómo se desenvuelve el proceso. El terapeuta es guiado de manera que pueda prestar atención y resaltar la experiencia del cliente durante el proceso.

Para empezar

Ayudar al cliente a mejorar la calidad de su relación con el self es la base del Trabajo con Dos-luego facilita. Tús. Como se expuso en el capítulo 3, el papel del terapeuta consiste en trabajar con el cliente para crear la situación y las circunstancias que permitan al cliente tomar consciencia de la

Relaciónate, luego facilita.

manera en que las partes de sí mismo interactúan. El terapeuta valida y aumenta las interacciones positivas del cliente con el self. Al usar el Trabajo con Dos-Tús, el terapeuta identifica y trabaja con las interacciones negativas con el self, separando las partes en oposición y trabajando con ellas hasta que logran integrarse. Sólo el cliente puede hacer los cambios, pero el terapeuta facilita el proceso. El cliente no tiene que hacerlo solo -el cliente cuenta con el apoyo y la experiencia del terapeuta-. Un factor importante para una terapia exitosa es que el cliente experimente el esfuerzo y el interés del terapeuta en su bienestar.

A medida que el terapeuta escucha a un cliente hablar sobre sus preocupaciones y problemas, desarrolla una relación y una conexión con él. Se da cuenta de la relación que tiene el cliente con su self. Una vez que se establece la relación entre el cliente y el terapeuta, el terapeuta puede iniciar con el Trabajo con Dos-Tús cuando surge el conflicto interno.

Indicadores para pasar al Trabajo con Dos-Tús

1. Existe un indicador verbal de conflicto o lucha.

El lenguaje que las personas utilizan habla de su relación con el self. Escucha cuidadosamente si existen indicadores tales como decepción con el self, sentimiento de culpa, menosprecio al self, culpar al self, presión al self, etc.

Evalúa si las palabras que utiliza el cliente van acompañadas de cierto nivel de estrés, agitación o emoción. Si la misma lucha aparece de manera recurrente en las sesiones, o aumenta a medida que el cliente habla sobre ella, el terapeuta puede elegir abordarla usando el formato del Trabajo con Dos-Tús.

Ejemplos de División del Self-vs-Self:

a) (angustiado) Quiero conseguir un trabajo, pero no logro cruzar la puerta.

b) (agitado) Como que quiero regresar al colegio.

c) (con la cabeza agachada) No puedo perdonarme a mí mismo.

d) (asustado) No puedo vivir solo.

Ejemplos de División del Self-vs-Otro:

En cada uno de los siguientes ejemplos de frases de los clientes, podría haber un conflicto vigente con otros, que necesita ser explorado. Sin embargo, la ambivalencia del cliente, su agitación y su falta de conciencia indican un conflicto interno.

a) (sin darse cuenta de su enojo hacia el jefe) Mi jefe está furioso conmigo.

b) (ambivalente con respecto a tener hijos) Quiero tener un hijo, pero mi esposo continúa diciendo que no podemos solventarlo.

c) (ambivalente con respecto a dejar el colegio) Quiero dejar la escuela, pero mis padres no me lo permiten.

d) (demasiado temeroso) No quiero ayudar a mi hermano, pero me dará una paliza si no lo hago.

El terapeuta clarifica preguntando, "¿te ha pegado antes?"

Cliente responde, "N-no. Pero estoy seguro de que esta vez lo hará."

Ejemplos de División del Self-vs-Cosa:

a) Trabajo

(ansioso -sin darse cuenta de que tiene miedo a la intimidad-) Tengo mucho trabajo que hacer. Mi familia está de vuelta en el este. No tengo amigos aquí. Me gustaría tener una novia, pero estoy demasiado ocupado como para encontrar una, y más, para pasar tiempo con una.

b) Adicciones: Alcohol, cigarro, juego, sexo

(confundido -sin darse cuenta de que existe una ambivalencia con respecto a dejar las drogas-) Sé que necesito dejar las drogas. Lo he intentado muchas veces. Las drogas simplemente son demasiado poderosas.

c) Aficiones: deportes, manualidades, juegos, videojuegos

(a la defensiva -sin darse cuenta de que hay asuntos sin resolver-) Me apasionan las carreras. Gasto más dinero del que tengo en eso, pero eso no me detiene.

d) Causas: huérfanos, ambiente, recaudación de fondos

(ansioso -sin notar sentimientos de abandono-) Pierdo casi todo mi tiempo en el teléfono intentando encontrar hogar para esos animales abandonados. Sé que estoy descuidando mi trabajo, pero es que me dan tanta pena esos animales.

2. Existe un indicador no verbal de conflicto o lucha.

Las conductas no verbales pueden indicar cómo es la relación de la persona con su self. Observa cuidadosamente conductas como ocultar toda la cara o partes de ella con las manos o con el cabello; pegarse a sí mismo en la cabeza con las manos o con un objeto; morderse las uñas o los labios; jalarse el cabello, pestañas o cejas; arrancarse padrastros de las cutículas; hacer nudos en el cabello; torcer partes de la ropa o de objetos (pañuelos desechables); rasguñarse; retorcer las manos. Otras conductas pueden no ser aparentes porque quedan ocultas bajo la ropa. Ejemplos son la automutilación de brazos, piernas o pies, y arrancarse las costras.

Ejemplos:

a) *El cliente se frota la garganta al hablar.*

b) *El cliente rebota su puño en el descansabrazos de la silla.*

c) *El cliente tuerce un pañuelo desechable una y otra vez.*

d) *Los músculos faciales del cliente presentan un tic.*

e) *El pie del cliente hace un leve movimiento como de patada.*

3. El mensaje verbal no concuerda con el mensaje no verbal.

Cuando el cliente desconoce o niega sus sentimientos, su lenguaje corporal a menudo muestra que lo que dice no es cierto. Muchas veces, el cliente miente porque no está preparado para reconocer la verdad ante alguien más, aún tratándose del terapeuta. Otras veces, significa que él no es consciente de ello.

Ejemplos:

a) *(los ojos brillan, mueve la cabeza de lado a lado) Estoy bien.*

b) *(sonríe con desdén) Sí, lamento lo que hice.*

c) *(la voz tiembla) Yo-yo-yo puedo (pausa) hacerlo. No-no tengo miedo de ha-ha-cerlo. No-no es gran cosa.*

d) *(arrancándose mechones de cabello) No estoy enojado con mi madre. Ella hizo lo mejor que pudo.*

e) *(monótono) Lo he olvidado.*

f) *(con un suspiro profundo) No estoy decepcionado.*

4. El cliente está lidiando con una decisión.

Muchas veces, los clientes acuden a terapia porque se encuentran en una situación sin salida -sin importar a dónde miren, anticipan un resultado negativo que no quieren enfrentar-. Para cuando llegan a terapia, suelen estar muy motivados para solucionar el problema.

Samantha sabe que está atascada. Se describe a sí misma como atascada. Dice, "mi cabeza me dice que deje el trabajo y acepte ese otro puesto, pero mi corazón me dice que me quede ahí." Si lo acepto, tendré que mudarme. Si no, puede ser que no vuelva a tener una oportunidad como ésta. Estoy indecisa entre irme o quedarme. Me enloquezco a mí misma. Quiero ayuda para resolver este dilema.

Samantha tiene algo de conciencia. Es obvio tanto para ella, como para el terapeuta, que está conflictuada por dentro. Es capaz de poner en palabras su conflicto, y de pedir ayuda claramente. Quiere una solución.

Glen está inconforme con su relación, pero no se decide a terminarla. Habla con detalle acerca de sus problemas. Al hacerlo, vuelve a pensar en terminarla Mientras habla de irse, se agita al pensar en estar solo. Vuelve a pensar nuevamente en todas las cosas buenas de su relación. Al hablar sobre comprometerse de nuevo con la relación, se enoja. No ve la manera de llegar a un acuerdo con todas las cosas que le molestan de la relación.

Glen tiene algo de consciencia. Continúa yendo y viniendo como un péndulo, entre marcharse y quedarse. Resulta obvio que se encuentra en un dilema con respecto a su relación. Está preocupado y quiere resolver su problema.

5. El indicador no-tan-obvio

a) Un aspecto del self está fuera de su conciencia

Frank se encuentra muy deprimido y está teniendo ideas suicidas. Habla de lo mal que está su vida y de todas las cosas que han salido mal -acaba de ser despedido y su novia acaba de terminar su relación-. Frank no tiene esperanza de que las cosas puedan ser distintas para él. Se siente impotente para hacer algo en su situación. Cruza un gran puente todos los días para ir al trabajo. Está pensando en detenerse en medio de él, bajar de su camión y saltar.

A Frank le falta conciencia. A pesar de que es evidentemente suicida, lo que no resulta tan obvio es que una parte de él que quiere vivir lo llevó al consultorio del terapeuta. Esta parte quiere ayudarle. Está viviendo un conflicto entre vivir o morir. La parte de él que quiere vivir necesita hacerse escuchar.

b) *El cliente anda con rodeos al hablar de él mismo, de alguien más o de una situación.*

> **Mark**, *un adolescente de 16 años, habla con detalle de cómo su padre no le permite tener una motocicleta. Se queja de su padre. Explica por qué quiere la moto. Habla de los amigos a quienes sus padres les permiten tener motos. Se torna más agitado al hablar, sus sentimientos oscilan entre frustración, irritación, dolor, enojo y resignación. No llega a un estado de comprensión (insight), aceptación o resolución; simplemente se exaspera más y no se rinde. Sigue repitiendo lo mismo pero de distintas maneras.*

Mark tiene un conflicto, pero no tiene claro en qué consiste el conflicto. Sabe que quiere una moto, y sabe que su padre no le permite tener una. Lo que no está claro es cómo va a lidiar con el conflicto con su padre -ceder o rendirse-. Mark se encuentra en una lucha de poder con su padre, y no sabe cómo salirse de ella.

Todos los escenarios anteriores tienen indicadores que muestran que el Trabajo con Dos-Tús podría ayudar a los clientes. Muchas personas hablan mucho sobre su situación sin llegar de alguna u otra forma a la acción. Otros, habiendo emprendido acciones para cambiar el statu quo, se asustan por los sentimientos evocados y regresan a la posición de estancamiento.

Cuando el terapeuta involucra al cliente en el Trabajo con Dos-Tús, ayuda al cliente a dejar de hablar acerca de su dilema, y que mejor, lo experimente. El cliente empieza a comprender su relación con el self y cómo sus dos partes están en desacuerdo. Es capaz de contactar y procesar los sentimientos y experimentar la sensación de cada parte a un nivel más profundo. Trabajando a este nivel de profundidad es más fácil provocar un cambio positivo, pues cada parte se mueve y cambia, para finalmente, integrarse.

Formas de guiar hacia el Trabajo con Dos-Tús

Algunos clientes encuentran muy sencillo adaptarse al Trabajo con Dos-Tús en terapia. El terapeuta puede empezar de inmediato separando los aspectos del self en conflicto, y facilitando la interacción entre ellos.

Los clientes demasiado cohibidos lo encuentran más difícil. Estos clientes presentan una fuerte división del Self-vs-Self en la cual su Crítico avergüenza o juzga duramente a su Self Experiencial como "tonto", "inadecuado", o peor. Hacen comentarios como, "me siento tonto" y "no puedo representar un papel". Están tan ocupados en su propia mente criticando su desempeño, que no son capaces de enfocarse en su conflicto interno.

Otros clientes lo encuentran difícil porque no pueden creer que el trabajo pueda ayudar. Estos clientes funcionan en exceso desde la parte lógica/analítica de su cerebro, así que el Trabajo con Dos-Tús no tiene ningún sentido para ellos. De hecho, algunos clientes nunca se sienten a gusto con el Trabajo con Dos-Tús. En ese caso, los terapeutas necesitan trabajar con esos clientes de otra manera.

Con clientes que son de algún modo cohibidos, es útil empezar con ejercicios que aproximen el Trabajo con Dos-Tús. Esto les ayuda a darse una idea de cómo funciona el proceso y les muestra que es efectivo. Mientras más vivan los clientes el trabajo como productivo, estarán más dispuestos a experimentar con el Trabajo con Dos-Tús con mayor profundidad. Esta manera de empezar el trabajo presenta al cliente la noción de que el self tiene distintos aspectos o partes. Facilita que el cliente desarrolle objetividad con respecto al self. También funciona como precursor para que el cliente se vuelva participante en el Trabajo con Dos-Tús, ya sea de manera imaginaria, o realmente convirtiéndose en cada parte del conflicto al pasar físicamente de una parte del self a la otra.

Tipo 1: "Una mosca en la pared"

Este tipo de inicio presenta al cliente la parte de él mismo que permanece como observador. El cliente se queda en su silla. El terapeuta le pide al cliente que se vuelva un observador de sí mismo y que hable de él en tercera persona. Hacer esto ayuda a que el cliente aumente su objetividad con respecto al self.

Ejemplos:

a) Terapeuta: *Imagina que eres una mosca en la pared. ¿Qué dirías de ti misma cuando ves desde tu lugar?*

Cliente: *¡Mosca! ¡Preferiría ser una mariposa!*

Terapeuta: *Bien. Sé una mariposa. ¿De algún tipo en particular?*

Cliente: *Una bonita.*

Terapeuta: *Seguro. Sé una mariposa bonita y háblame de ti sentada aquí.*

Cliente: Bueno, antes que nada, ella es como pequeña e insignificante. Ella no...

El trabajo continúa...

b) *Terapeuta: Si tu mascota pudiera hablar, ¿cómo te describiría?*

Cliente: Mi perro diría, "Ella es el tipo de persona a la que le gusta..."

El trabajo continúa...

c) *Terapeuta: Imagina que una parte tuya está descansando en el marco de ese cuadro de la pared, mirándote. Deja que esa parte tuya me hable sobre la parte que está sentada aquí conmigo.*

Cliente: Ay, él realmente se ve engreído. Él es...

d) *Terapeuta: ¿Ves esa estatua en la repisa de allá? Sé la estatua y cuéntame una historia sobre ti mismo.*

Cliente: Realmente no lo sé. Es una persona de tipo reservada. No le gusta dejar entrar a las personas. Él...

El trabajo continúa...

Tipo 2: "Todo está en tu cabeza"

Este tipo de inicio es útil con los clientes que son demasiado cohibidos como para empezar cambiando posiciones. También les permite a los clientes tener la idea de que el self tiene partes, y que cada parte tiene su propio punto de vista, conducta y diálogo. El cliente no cambia de lugares, así que la separación de las partes no queda tan clara. El cliente no tendrá tanta oportunidad de experimentar las distintas sensaciones de cada parte. Por ello, no es tan efectivo como cambiar realmente de lugares, sin embargo, funciona. Algunos clientes solamente pueden trabajar bien de esta manera.

Cuando los clientes encuentran que esta forma de trabajo resulta benéfica, suelen ser más capaces de tomar más riesgos y de estar más dispuestos a cambiar de lugares. Debido a que este trabajo se lleva a cabo en la imaginación del cliente, el terapeuta necesita delimitar claramente las partes del self a medida que avanzan.

Ejemplo:

Terapeuta: Cierra tus ojos. Imagina a la parte de ti en el sueño que está vigilándote. (pausa) Ahora, desde esa parte, habla con la parte tuya que está en el piso.

Cliente: No tienes ninguna oportunidad.

Terapeuta: Ahora cambia y sé la parte que está en el piso. (pausa) Contéstale a la parte tuya que te vigila.

Cliente: No me digas eso. No me hagas eso.

Terapeuta: Ahora regresa y sé la parte vigilante. ¿Qué responderías?

Cliente: ¿Que no te haga qué? Te lo haces a ti mismo.

Terapeuta: Regresa a ser la parte que está en el piso. Respóndele a la parte que te vigila.

Cliente: Siempre me estás derrumbando. Justo cuando pienso que todo va a estar bien, me derrumbas de nuevo.

Terapeuta: Regresa a ser la parte que te vigila. ¿Qué dice esa parte al respecto?

El trabajo continúa...

Tipo 3: Separación sin relación

Este tipo de intervención es útil con clientes que ya están listos para experimentar cada parte del self, pero que aún no lo están para hacer interactuar a ambas partes entre sí. Hacer esto facilita que los clientes dejen hablar a cada parte y que experimenten la sensación de ser cada una. En esta intervención el terapeuta identifica las dos partes del self a partir de lo que el cliente dice acerca de sí mismo. El terapeuta, entonces, separa las dos partes pidiéndole al cliente que se convierta en una y que le permita decir todo lo que necesita. Cuando el cliente ha completado esa parte, se le pide que se cambie a un lugar distinto y que hable desde la otra parte, también permitiéndole expresar todo lo que necesite. El terapeuta mantiene a cada parte enfocada en su postura, animando a cada una a hablar abiertamente. El terapeuta no hace que las dos partes interactúen.

Ejemplo:

Cliente: Estoy reacio a aceptar este nuevo puesto en el trabajo, pero ni siquiera estoy seguro de por qué.

Terapeuta: Parece que hay una parte tuya que quiere aceptar el trabajo, pero también otra parte tuya, que no. Vamos a explorar ambas partes. Vamos a dejar que cada parte hable abiertamente. (pausa) ¿Con cuál quisieras empezar?

Cliente: La que quiere el puesto.

Terapeuta: Está bien. Siéntate en esta silla de aquí y deja que la parte que quiere el nuevo puesto hable desde aquí. Mientras te sientas en esta silla, habla sólo desde la parte que quiere el nuevo puesto. Cuando esta parte termine, haremos lo mismo -en una silla distinta- para permitir que la parte que está reacia a tomar el puesto nuevo tenga la misma oportunidad. ¿Alguna pregunta?

Cliente: No. Entonces en este lugar, voy a hablar de querer el puesto. Está bien. Bueno, realmente me gustaría tomar este puesto porque es una promoción, y podría hacer cosas más interesantes. Además, pagan mejor, también, pero -pero eso haría que mis amigos se pusieran celosos.

Terapeuta: Espera un minuto. Esa última parte es del lado que está renuente a aceptarlo. Deja eso por ahora. Puedes decirlo cuando estés hablando desde el otro lugar.

Cliente: Ah. Está bien. Seguro me gustará este puesto. Realmente me gusta el trabajo que estaría haciendo. Es mucho más interesante que lo que hago ahora. (pausa)

Terapeuta: ¿Algo más desde esta parte?

Cliente: (sonríe) Y mis padres se alegrarían por mí, también. (pausa)

Terapeuta: ¿Hay algo más?

Cliente: No-no lo creo.

Terapeuta: Tómate tu tiempo.

Cliente: (anhelando) Bueno (pausa), sé que realmente podría hacer mucho en ese puesto. Por años he pensado en lo que haría si lo obtuviera.

Terapeuta: ¿Algo más?

Cliente: (sorprendido) No. Eso es todo. Sabía que lo quería, pero no me había dado cuenta de cuánto.

Terapeuta: Ahora cambia al otro lugar. En ese lugar, habla desde la parte de ti que no quiere aceptar ese puesto. Habla como si estuvieras más que renuente a tomarlo. Habla como si realmente no lo quisieras. Vamos a dejar que esta parte se exprese abiertamente.

Cliente: (se cambia a la otra silla) No puedo aceptar ese trabajo porque mis amigos estarían celosos de mí. No quiero perder a mis amigos. Además, mis colegas -dejaríamos de estar a la par, y podrían resentirse conmigo por eso-. No estoy seguro de saber cómo estar con ellos desde un puesto más alto. (pausa) Ay, hay mucho en juego aquí.

Mantener cada parte clara permite profundizar más la experiencia de cada una. El cliente está acostumbrado a darle vueltas a este asunto en su mente, así que el terapeuta necesita estar atento para mantener las partes separadas.

*Hace muchos años, cuando estaba apenas aprendiendo el Trabajo con Dos-Tús, una mujer, a quien llamaré **Angela**, vino a verme con el problema de que su hija mayor, de su primer matrimonio, estaba tratando de romper su segundo matrimonio. Al hablar, pronto quedó claro que Angela era infeliz en su matrimonio. Le pedí que se sentara en una silla y que me hablara desde la parte que valoraba el matrimonio. Después, le pedí que se sentara en la otra silla y que me hablara desde la parte que no era feliz en el matrimonio. Cuando Angela habló desde la parte que valoraba el matrimonio, encontró muchas cosas buenas de qué hablar. Desde la parte que era infeliz en el matrimonio, Angela habló de su soledad. Se puso sensible y llorosa al hablar sobre esto. Esto permitió que pudiera contactar y expresar su soledad. Eso fue todo lo que hice. No propicié el diálogo entre las dos partes. Le pedí que se sentara en la silla en la que empezó. Al final de la sesión, le dije que no creía que su hija estuviera tratando de romper su matrimonio, que más bien creía que su hija era una hija leal, sensible a la infelicidad de su madre, y respondiendo en consecuencia. No le di recomendaciones, ni le di instrucciones sobre qué hacer.*

A la semana siguiente, Angela regresó, y se veía y se escuchaba distinta. Lo primero que dijo fue, "No necesitaba venir hoy, pero quería contarte lo que ocurrió". Angela contó que cuando su marido llegó a casa esa tarde, lo llevó a la sala y lo sentó para hablar con él. Le contó acerca de su soledad. Cuando hablaban, sus voces se elevaron tanto, que su hija salió de su habitación para ver qué estaba pasando. Angela dijo que le pidió a su hija que regresara a su habitación, que todo estaba bien: que ella se estaba haciendo cargo de la situación. Dijo que ella y su esposo continuaron hablando como nunca antes lo habían hecho. Ella contó que él le dijo cosas que nunca antes le había dicho. Él le dijo que pensaba que ella no quería que él se involucrara con sus hijos. Después de esa plática, Angela dijo que las cosas habían cambiado significativamente en su relación. Dijo que tanto ella como su esposo se sienten muy satisfechos. Que su hija mayor se veía mucho más feliz. Después de esa plática, Angela y su esposo fueron juntos a una junta escolar para conocer a los profesores del colegio, y él participó en la discusión con la profesora acerca de la hija menor. Dijo que él nunca antes había hecho algo así; nunca antes había mostrado interés alguno en sus hijos. Entonces me dijo que ella ya no necesitaba venir a las sesiones. La elogié por haber logrado cambios positivos en toda la familia.

Iniciar de lleno el Trabajo con Dos-Tús por primera vez

(Figura 1: Facilita que los clientes pasen de "hablar acerca de" su experiencia, a expresar -tanto verbal como no verbalmente- su experiencia.)

Cuando utilizo el Trabajo con Dos-Tús con los clientes, los invito a levantarse del lugar en el que están sentados, y a moverse a distintos lugares del cuarto de terapia. Me levanto de mi silla y trabajo con ellos, ya que es un trabajo colaborativo. Involucrarme físicamente ayuda a que los clientes se involucren físicamente, lo cual resulta en un trabajo más profundo e impactante.

Los guío para que encuentren un lugar en el cuarto para cada parte y después los involucro en la interacción, verbal y no verbal, entre ellas. Me muevo junto con ellos a medida que cambian de un aspecto del self a otro. De esta manera, me alío con cada "self"; reúno información experiencial y basada en hechos que me ayuda a entender y a experimentar la sensación de lo que sucede con cada self. De alguna manera, el cliente y yo llegamos a conocer la personalidad de cada parte. Al hacer esto, valido cada aspecto del self y su forma de funcionar. Involucrarme físicamente también ayuda a que el cliente tome cada "self" más en serio y que experimente la diferencia entre ellos.

Al trabajar de esta manera los clientes se sienten apoyados a lo largo del trabajo. Están acostumbrados a lidiar con el conflicto interno por su cuenta. Resulta menos difícil y más efectivo trabajar con el terapeuta, que enfrentar sus asuntos por su cuenta.)

> *Invita al cliente a hacer el trabajo.*

Las intervenciones previas presentan al cliente los aspectos del Trabajo con Dos-Tús. En este apartado vemos cómo empezar a usar el Trabajo con Dos-Tús de lleno.

Empezar el Trabajo con Dos-Tús implica dejar de hablar acerca de un asunto, y trabajar con él. La primera vez que inicias el Trabajo con Dos-Tús con un cliente, requiere más tiempo establecerlo. La forma de proponerlo depende del terapeuta, del cliente, de la relación establecida entre ambos, del número de veces que lo han hecho antes, y de la etapa de la terapia -principio, mitad, final-.

Ejemplos:

a) *Terapeuta: Me he dado cuenta de que hablar sobre algo normalmente no lleva a nada. Tengo una manera de trabajar con asuntos como éste, que me parece muy efectiva. ¿Estarías dispuesto a probar algo nuevo?*

b) *Terapeuta: Parece que hay dos partes en ti. Una parte tuya quiere continuar en la universidad, mientras que la otra, no. Esa parte tuya quiere conseguir un empleo y ganar algo de dinero. ¿Es correcto?*

Cliente: Sí.

Terapeuta: Hagamos algo. Vamos a separar tus dos partes y a dejarlas hablar entre sí. De esa manera, podremos saber lo que te dices y haces a ti mismo.

c) *Terapeuta: Le das vueltas en tu mente a este asunto una y otra vez, varias veces al día. ¿Cierto?*

Cliente: Exactamente. Más bien varias veces cada hora.

Terapeuta: Está bien. Vamos a darnos una idea de qué te dices a ti mismo en tu cabeza. Vamos a llevar esta conversación fuera de tu cabeza y a ponerla aquí en marcha ahora. Elige el lado desde el cual quieres empezar a hablar.

Cuando se inicia el Trabajo con Dos-Tús, ya sea por primera, o por enésima vez, me resulta útil levantarme de mi propia silla. Invito al cliente a hacer el trabajo desde posiciones distintas a la silla de siempre. A veces, hacemos el trabajo de pie. En ocasiones, me siento o me paro junto a una parte del self mientras habla, y luego me pongo junto a la otra cuando habla. A veces, una parte se siente más pequeña y ésta se sienta en un banco que puedo elevar, mientras la otra, se queda de pie. Ocasionalmente, una parte se enrosca en el piso mientras la otra se para sobre una silla. Los clientes parecen encontrar útil que yo también me mueva. Encuentro energizante moverme. Al final del trabajo, dirijo al cliente para que regrese a su lugar original.

A continuación presento algunas cosas que me ha resultado útil decir a los clientes cuando empiezan a usar el Trabajo con Dos-Tús, y a veces incluso después de haberlo hecho muchas veces.

Ejemplo:

Terapeuta: No hay una forma correcta o incorrecta de hacer esto. Si te sientes confundido en algún punto, sólo dime, y con gusto responderé cualquier pregunta que tengas. Estoy aquí para guiarte en el proceso.

Iniciar el Trabajo con Dos-Tús después de la primera vez

Cuando he establecido una alianza con un cliente, y hemos trabajado juntos productivamente con el Trabajo con Dos-Tús, muchas veces hago el cambio diciendo, "vamos a sacar la motosierra y a cortarte en dos. Dejemos que esta parte de aquí sea la que quiere que renuncies, y coloca a la parte que quiere continuar por allá."

La primera vez que el cliente se involucra en el Trabajo con Dos-Tús, suele sentirse confundido con respecto al proceso, no sabe qué esperar, y no ha experimentado los beneficios del trabajo. En las sesiones subsiguientes, el cliente no necesita tanto pie o guía porque sabe qué esperar. Una vez que ha experimentado el efecto terapéutico del Trabajo con Dos-Tús, está motivado para involucrarse en este tipo de trabajo. Los clientes familiarizados con el Trabajo con Dos-Tús a menudo cambian de un lugar a otro sin que el terapeuta lo indique.

> *Cuando he establecido una alianza con un cliente, y hemos trabajado juntos productivamente con el Trabajo con Dos-Tús, muchas veces hago el cambio diciendo, "vamos a sacar la motosierra y a cortarte en dos. Dejemos que esta parte de aquí sea la que quiere que renuncies, y coloca a la parte que quiere continuar por allá."*

Usando la misma situación hipotética de ambivalencia con respecto a renunciar, se presentan a continuación distintas maneras en que el terapeuta podría hacer la transición al Trabajo con Dos-Tús.

Ejemplos:

a) Terapeuta: Vamos a trabajar con esto. ¿Como qué parte tuya te sientes en este momento?

Cliente: La parte que quiere renunciar.

Terapeuta: Está bien. Ahora coloca en algún lugar de este cuarto a la parte que quiere terminar su licenciatura. ¿Adónde?

El cliente señala al librero.

Terapeuta: Está bien. Ahora dile a esa parte tuya -la parte que quiere terminar la licenciatura- que quieres renunciar.

El trabajo continúa...

b) Terapeuta: (señalando a un lugar vacío en el sofá) Dile a esa parte de ti mismo, "quiero renunciar".

El trabajo continúa...

c) Terapeuta: (la cabeza del terapeuta se inclina y sus ojos miran hacia otra silla) Dile a esa parte que quieres renunciar.

El trabajo continúa...

d) Cliente (hablando con el terapeuta): ¡Quiero renunciar!

Terapeuta: (no dice nada; sólo señala a otro lugar)

Cliente: (Sabe lo que quiere decir el terapeuta y empieza a hablar directamente con la otra parte del self) Realmente quiero renunciar.

El trabajo continúa...

e) Terapeuta: (con sentido del humor, cuando el rapport[4] se ha establecido): Vamos a hacer esto en vez de analizarlo. Tú puedes analizarlo cuando quieras en tu tiempo libre cuando no te cueste nada de dinero...

Cliente: (ríe)

El trabajo continúa...

---

4   cursiva del traductor. El término se conoce así, y se refiere a la compenetración que se establece en una entrevista o relación.

Observa lo que surge en el trabajo

El conflicto ocurre cuando los estándares y valores chocan con los deseos y necesidades.

A medida que el cliente empieza a separar los dos aspectos del self mediante el Trabajo con Dos-Tús, empieza a vivir la sensación de cada parte. Cuando cada parte contacta y expresa ambas partes del conflicto, las diferencias surgen de una manera nueva, aumentando la conciencia del cliente con respecto a su self. A menudo, esto genera insight. Lo que suele ocurrir es que la "personalidad" de cada aspecto de la persona empieza a emerger. Una parte, el Crítico, se vuelve muy desagradable y crítico, tal vez demandante, controlador, burlón, manipulativo o condenatorio. Esto puede suceder de manera obvia o sutil. La otra parte, el Self Experiencial, se torna defensivo -lloriquea, se queja, se defiende, suplica, razona o explica-. En ocasiones, el Self Experiencial se quedará callado como reacción a la crítica. Frecuentemente, incluso estará de acuerdo con el Crítico. El Crítico representa los estándares y los valores de la persona y utiliza palabras como deberías, tienes que, debes, estás obligado a, se lo debes a, deber y responsabilidad. Es común que el Crítico trate mal al Self Experiencial porque lo devalúa y lo juzga como débil, incompetente, inútil, no suficientemente bueno, o peor. O, el Crítico puede temer a los impulsos del Self Experiencial, y entonces luchar por meterlo en cintura para prevenir que se salga de control, que haga algo tonto o que se vuelva loco.

El Self Experiencial representa el espíritu del organismo con sus deseos, necesidades, pasiones, intereses, gustos y aversiones. Tiene sentido del humor, disfruta divertirse, y tiene curiosidad por la vida. Esta parte usa palabras como quiero, no quiero, me gusta, no me gusta, necesito, no necesito, estoy dispuesto, no estoy dispuesto, etc. Cuando el Self Experiencial es reprimido o bloqueado en su desarrollo pleno, puede bromear, explicar, rogar, cambiar el tema, retirarse o volverse pasivo agresivo. Puede volverse evasivo, seductor, o, en casos extremos, puede dejar de existir. Es el choque entre los estándares/valores de la persona, con sus deseos/necesidades lo que crea el conflicto.

> *El conflicto ocurre cuando los estándares y valores chocan con los deseos y necesidades.*

En algún punto del trabajo con clientes, resulta útil darle nombre o título al Crítico y al Self Experiencial. Si es posible, usa los términos del cliente que van surgiendo al hablar sobre algún tema. Puedes pedir al cliente que nombre las partes. Cuando se utilizan los nombres del cliente, se genera una mayor sensación de ser dueño del proceso, y sus términos tienen un significado más profundo para él. Si no surge ninguno, ofrece sugerencias.

El cliente, espontáneamente, da nombre a cada parte.

Cliente: Mi cabeza dice que deje la relación, pero mi corazón dice que me quede.

Terapeuta: Deja que la parte de aquí sea tu cabeza y habla desde tu corazón desde allí.

El trabajo continúa...

El terapeuta pide al cliente que nombre cada parte

Terapeuta: ¿Cómo describirías a la parte que está allá?

Cliente: Hay una parte de sombra que está siempre acechándome desde el fondo.

Terapeuta: Sé tú en este lugar. ¿Cómo llamarías a esta parte?

Cliente: El lado "brillante".

Terapeuta: Deja que tu lado de "sombra" hable desde allá. Sé tu lado "brillante" y habla con tu lado de "sombra".

El trabajo continúa...

El terapeuta da nombre a cada parte.

Terapeuta: Yo llamo a esta parte tuya el Self Experiencial. La parte que simplemente es, la parte que tiene deseos y necesidades y que está tratando de sobrevivir en este planeta de la mejor manera posible. A la parte de allá, la llamo el Crítico, que es la parte que está haciéndole pasar un mal rato a esta parte.

El trabajo continúa...

Resistencia

Es fácil que un cliente se resista a las sugerencias de cambio del terapeuta o de cualquier otro. Pero cuando el cliente se habla a sí mismo, es mucho más difícil que minimice, deseche o evite lo que está diciendo.

> *Transforma la resistencia en acción.*

La resistencia en el Trabajo con Dos-Tús suele manifestarse como un bloqueo del self -creando una división del Self-vs-Self. Cuando esto ocurre, el terapeuta transforma la resistencia del cliente en acción. Encamina al cliente para que deliberada y abiertamente se bloquee a sí mismo. A través del trabajo, el terapeuta guía al cliente, haciéndole darse cuenta de lo que se hace a sí mismo y de cómo se lo hace. Ya no sólo se trata de palabras en su mente; el cliente experimenta lo que ocurre dentro de sí.

Buenas intenciones que se tornan malas

Cliente: Hay un puesto en el trabajo que me gustaría solicitar. Es un puesto que amaría tener, y que representa mucho más dinero.

Terapeuta: ¿Por qué no lo solicitas?

Cliente: Nunca lo obtendría, así que, ¿para qué intentar?

Terapeuta: (inicia la división del Self-vs-Self) Ven a este lugar e impídete a ti mismo solicitar ese trabajo.

Cliente: (como Crítico) Nunca obtendrás ese trabajo. ¿Quién crees que eres? No te lo mereces.

Terapeuta: Regresa al otro lugar y responde.

Cliente: (vacilante como SE) Bueno. Yo-yo cumplo con los requisitos y la experiencia. Estoy incluso más cualificado que-que Jane.

Terapeuta: Cambia de lugar.

Cliente: (como Crítico) Echarías todo a perder. Nadie querría trabajar contigo.

Terapeuta: (al Crítico) ¿Qué intentas hacerle?

Cliente: (como Crítico) Estoy intentando protegerlo para que no se decepcione.

Terapeuta: (como SE) Cambia de lugar. ¿Sabías eso? ¿Sabías que lo que intenta hacer es protegerte de la decepción?

Cliente: (como SE) No, no lo sabía. Simplemente creí que estaba siendo malo y que se había dado cuenta de que soy incompetente.

Terapeuta: (al SE) Ahora que lo sabes, ¿qué querrías decirle a esa parte tuya?

El trabajo continúa...

> *Preguntar por las sensaciones experimentadas en cada parte del self aumenta la conciencia.*

Al utilizar el Trabajo con Dos-Tús, las intenciones del Crítico se vuelven conscientes y pueden ser examinadas. El Crítico normalmente tiene buenas intenciones y justifica su conducta hacia el Self Experiencial con sus intenciones. El problema es que lo que el Crítico hace y cómo se comporta con el Self Experiencial produce lo contrario de lo que intenta lograr. La dinámica entre el Crítico y el Self Experiencial debe ser modificada. De esta manera, el cómo puede ser modificado para que lo que el Crítico intenta hacer pueda realmente lograrse.

Cómo se ve el Trabajo con Dos-Tús a medida que se desarrolla

> *Ayuda que el terapeuta diga, "tómate tu tiempo con esto; lo que sucede dentro de ti es importante"*

Al empezar el trabajo, el cliente estará hablando normalmente, y estará oscilando frecuentemente entre sus dos partes. Esto indica que el cliente aún está funcionando desde la parte lógica/analítica de su cerebro. Cuando el cliente se involucra en el proceso, notarás que el diálogo del cliente empieza a cambiar espontáneamente. Empezará a hablar más despacio; habrá más espacios y titubeos en su diálogo y sus movimientos corporales también se harán más lentos. Es importante que el terapeuta iguale este paso, e incluso lo fomente, para facilitar el proceso.

Esto indica que el cliente está llegando a su experiencia. Si el cliente no desacelera espontáneamente, el terapeuta desacelera el trabajo bajando el ritmo de su propio discurso y suavizando su tono de voz, y preguntando por las sensaciones experimentadas en cada parte. En este punto, el cambio empieza a ocurrir. Observa.

El Trabajo con Dos-Tús puede llegar al fondo del asunto rápidamente.

Habitualmente, el trabajo se desarrolla lentamente. Pero prepárate para los estallidos repentinos de emoción o los insights profundos. Ocasionalmente, los clientes pueden romper en llanto, conmocionarse por un insight masivo, empezar a revivir un recuerdo temprano, o a revivir el dolor de algún trauma no sanado. Cuando estas cosas ocurren, el papel del terapeuta consiste en facilitar la expresión de la emoción y la comunicación de la experiencia.

En algún punto del trabajo, el cliente suele empezar a experimentar cada parte del self como algo distinto. Con frecuencia, los clientes hablan espontáneamente de eso. El terapeuta ayuda a que el cliente defina más claramente cada parte pidiéndole que sea específico con respecto a lo que está experimentando, o pidiéndole que exagere cada parte.

Ejemplos:

a) *Cliente: Me gusta más esta parte. Me siento más relajado aquí. Me siento realmente tenso en ese lugar.*

b) *Cliente: Esto es extraño. Me siento mucho más grande de este lado.*

c) *Cliente: Me siento como de cuatro años en este lado.*

Observa cambios

Cuando las divisiones cambian de una a otra, adáptate a la nueva división a medida que surge. El cliente puede empezar con una división del Self-vs-Self. Después, su Crítico puede cambiar a padre, profesor, u otra figura de autoridad, lo cual correspondería a una división del Self-vs-Otro. A medida que trabaja

> *Meta: Aumentar la consciencia del cliente con respecto a cada aspecto del self.*

con esta división, puede regresar a una división del Self-vs-Self. El papel del terapeuta es guiar los cambios de uno a otro, aclarando cada división.

Mantén los dos lados en oposición

Al inicio del Trabajo con Dos-Tús, el Self Experiencial muchas veces estará de acuerdo con un Crítico severo. Cuando el Self Experiencial está de acuerdo con la negatividad del Crítico, el trabajo no puede progresar hacia un resultado saludable. Estar de acuerdo con el Crítico provoca

> *Cuando el Self Experiencial está de acuerdo con el Crítico, reestablece el desacuerdo.*

confluencia debido a que las dos partes del self dejan de ser distintas y de oponerse una a la otra. Ve el cuadro del capítulo 9 en el que se plantea la diferencia entre confluencia e integración. Cuando se da la confluencia, el trabajo se muere. La energía se disipa a medida que el Crítico toma el control sobre el Self Experiencial y lo domina. Para el cliente, esto es así, y no encuentran nada malo en ello. Pero el trabajo no puede evolucionar.

El papel del terapeuta consiste en reestablecer las fuerzas en oposición de ambas partes del self, porque el Crítico aún no ha llegado a ser el Apoyador, y el Self Experiencial aún no ha alcanzado todo su potencial.

Cómo reestablecer el descuerdo

Ejemplos:

El cliente espontáneamente desarrolla la oposición

Cliente (como Crítico) ¡Eres un debilucho! Eres asombrosamente cobarde.

Cliente: (como SE cambia de lugar) (se desploma en el lugar) Tienes razón.

Terapeuta: Regresa al lugar del Crítico y hazte esto de nuevo.

Cliente: (como Crítico): No eres más que un debilucho. No tienes agallas.

Terapeuta: Cambia

Cliente: (como SE) Bueno, sigo de acuerdo. Soy un debilucho.

Terapeuta: Regresa a ese lugar y hazlo de nuevo.

Cliente: (como Crítico) Eres sólo un debilucho sin agallas.

Terapeuta: Cambia de lugar. Responde.

Cliente: (como SE) (susurra) Eso no es cierto.

Terapeuta: (apoyando al SE) Habla más desde esta parte.

El trabajo continúa...

Capítulo 4

El terapeuta reestablece la oposición

Cliente: (como Crítico) ¡Eres realmente flojo!

El cliente cambia de lugar

Cliente: (como SE) Tienes razón.

Terapeuta: ¿Qué porcentaje de ti está de acuerdo con el Crítico? ¿10%, 100%, 3%, 50%, 98%?

Cliente: ¿30%?

Terapeuta: Entonces coloca al otro 70% ahí en el lugar del Crítico y habla desde el 30% que no está de acuerdo, aún cuando sea una pequeña parte.

Cliente: (como SE) Aún estoy de acuerdo.

Terapeuta: Está bien. ¿Qué tanto de este 30% está de acuerdo con el Crítico?

Cliente: (como SE) Como la mitad.

Terapeuta: Coloca otro 15% allá. (la terapeuta toma un pequeño banco) Siéntate en este banco. Ahora, desde el 15% que queda, habla con el Crítico.

Cliente: (como SE) (en voz baja) No, no lo estoy.

Terapeuta: Regresa al otro lugar y sé el Crítico, pero ponte de pie esta vez. Siente lo grande que eres. Mira a la otra parte de ti y ve lo pequeña que es. ¿Cómo se siente?

Cliente: (como Crítico) ¡Grande! Poderoso. Me gusta.

Terapeuta: Bien. Siente lo grande que eres y lo bien que se siente. Ahora (pausa), ¿cómo te gustaría responderle a esa parte?

El trabajo continúa...

Los cambios van apareciendo

Guiar al cliente para que se responsabilice y para que exagere el trabajo normalmente tiene como resultado que el trabajo llegue a un nivel más profundo de experiencia y de sentimiento. La labor del terapeuta consiste en notar y responder a los cambios cuando se presentan. Si

77

el terapeuta no sabe que el cliente ha pasado a una división distinta, el terapeuta puede interferir o bloquear el proceso del cliente. Ponerse en sintonía con el cliente es la mejor manera de saber qué está ocurriendo con el cliente. Si el terapeuta no está seguro de lo que sucede en el cliente, puede preguntar.

Pon atención en la experiencia del cliente

Usa lenguaje tentativo.

Ejemplos:

a) Terapeuta: "¿Qué te está sucediendo en este momento?"

b) Terapeuta: "Te ves distinto."

c) Terapeuta: "¿Cuál es tu sensación desde esta parte de ti?"

d) Terapeuta: "De repente te quedaste callado."

e) Terapeuta: "¿La sensación es positiva, negativa o posiblemente neutral?"

f) Terapeuta: "Parece que estás hablando con alguien en este momento."

Normalmente, la división del Self-vs-Self evoluciona a una división del Self-vs-Otro. Esto puede resultar obvio por el diálogo, por los comentarios espontáneos del cliente, o por un cambio en la conducta no-verbal (por ejemplo, el tono de voz). Los clientes pueden entrar en un estado de sentimiento profundo. Algunos pueden evocar recuerdos tempranos, sueños, o pesadillas. El terapeuta puede continuar usando el Trabajo con Dos-Tús empleando símbolos de recuerdos tempranos, sueños o pesadillas. Cuando presento una división de Self-vs-Otro a un cliente por primera vez, usualmente le explico lo que estamos haciendo y por qué. Si ya hemos trabajado con una división del Self-vs-Otro antes, a veces se los recuerdo.

Imagina a tu "madre" allá. Esa no es tu madre real, es la madre que está en tu mente. Todos nos formamos conceptos de otras personas y cosas, y nos relacionamos con ellos a partir de nuestros conceptos. Por ejemplo, mira ese reloj de allá. Tengo una idea de lo que un reloj es, y de cómo puedo usarlo, de lo que puedo hacer o no con él. Sin embargo, si obtengo nueva información que me dice que hay una bomba conectada a ese reloj, me comportaré de manera muy distinta con ese reloj. Mi concepto del reloj ha cambiado.

Hacemos lo mismo con las personas. Nos formamos un concepto de una persona a partir de nuestras experiencias y de lo que sabemos de ella y nos relacionamos con ella de acuerdo con nuestra idea de ella. Nuevamente, si obtenemos más información sobre esa persona, nuestro concepto sobre esa persona cambia, y podemos cambiar la manera en que nos relacionamos con la persona real de acuerdo con la información que obtuvimos. Aún cuando la persona ya no esté viva, podemos cambiar nuestro concepto acerca de ella.

Al trabajar así, quiero que te comportes como tu verdadera madre. La conoces bien. Pero no es tu verdadera madre. Si tu verdadera madre estuviera aquí, algo muy distinto sucedería. Mientras que no es posible cambiar a tu verdadera madre, sí puedes cambiar a la "madre" que está en tu mente. Esto tiene que ver con la parte de ti que es como tu madre y que te hace lo mismo que ella te hace (o te hacía).

Más tarde, cuando trabajemos con escisiones Self-vs-Otro, puede ser que le recuerde al cliente que esa no es la persona "significativa" real, sino su concepto sobre ella.

A medida que el trabajo continúa, la conciencia del cliente aumenta. A medida que el trabajo se profundiza, el cliente obtiene más información sobre el self y suele empezar a experimentar mayor comprensión (insight) y autoconocimiento. A medida que la conciencia del cliente sobre su propia relación consigo mismo aumenta, ocurrirá un cambio. El Crítico puede volverse una persona significativa, tal vez uno de los padres, un abuelo, profesor o un bravucón. Esto ayuda a que el cliente vea que se hace a sí mismo lo que alguien más le hizo en el pasado, o lo que se imagina que alguien le hizo antes. Los daños imaginarios pueden ser tan perjudiciales como los reales. En este punto, el trabajo cambia a una división del Self-vs-Otro, y el trabajo se profundiza aún más. Esto puede ser evidente o no para el cliente.

Ejemplos:

a) *División del Self-vs-Self que evoluciona hacia una división del Self-vs-Otro*

Cliente: (como Crítico) Debería tener un segundo trabajo. Necesito más dinero para pagar las cuentas. No puedo esperar que mi esposa nos mantenga.

Terapeuta: Cambia de lugar y escucha lo que el otro lado tiene que decir al respecto.

Cliente: (como SE) No puedo tener dos trabajos E ir al colegio Y tener una relación Y mantenerme cuerdo.

Terapeuta: Cambia de lugar y responde.

Cliente: (como Crítico) Sólo tienes que trabajar más duro. (pausa) Sueno como mi papá.

Terapeuta: (facilita el cambio a la división del Self-vs-Otro) Tómate un momento y experimenta la sensación de ser tu papá. Podrías sentarte como él, o pararte como él se para. (pausa) ¿Qué sucede cuando lo haces?

Cliente: (como "padre" al terapeuta) Me siento en control.

Terapeuta: Sé tu padre y habla con tu hijo.

El trabajo continúa...

b) *División del Self-vs-Self evoluciona hacia una división del Self-vs-Otro*

Cliente: (como la parte que quiere ir -SE) Realmente quiero ir al concierto. Simplemente me fascina ese grupo, y me fascina el ambiente que se crea al estar ahí con otras personas que también aman a ese grupo. Eso no puedes sentirlo al escuchar los CD's.

Terapeuta: Cambia de lugar y sé la parte que no quiere ir.

Cliente: (antes de que el cliente cambie de lugar, el cliente comenta) Ya sabes (pausa), puedo escuchar a mi abuela susurrando en mi oído.

Terapeuta: (facilita el cambio a la división del Self-vs-Otro) Ponte de pie en donde ella se pararía y susúrrate en el oído.

Cliente: (se pone de pie detrás del "Self" en la silla)

Terapeuta: ¿Cómo le dices a ella?

Cliente: Abue

Terapeuta: Sé Abue y susúrrale a tu nieta en el oído.

El trabajo continúa...

c) División del Self-vs-Self evoluciona hacia una división del Self-vs-Otro

Cliente: (como Crítico) ¡Supéralo! ¡Simplemente supéralo!

Terapeuta: Ven aquí. (cliente se pasa al lugar del SE) ¿Cómo te sientes de escuchar eso?

Cliente: (callado, con lágrimas en las mejillas)

Terapeuta: (en voz baja) ¿Qué sucede?

Cliente (está reviviendo una experiencia temprana): Estoy recordando la época en la que mi perro fue atropellado por un camión y mi papá me hizo enterrarlo.

Terapeuta: (amablemente lleva al cliente a la división del Self-vs-Otro) Sé ese niño pequeño y habla con tu papá sobre eso.

El trabajo continúa usando el formato del Trabajo con Dos-Tús...

O, el terapeuta puede abandonar la estructura del Trabajo con Dos-Tús, y trabajar con un recuerdo temprano de alguna otra manera. El Trabajo con Dos-Tús es sólo eso -una manera de estimular y de traer al frente asuntos subyacentes más profundos y traumas no sanados del pasado-. El Trabajo con Dos-Tús podría ser reincorporado más adelante, si se considera apropiado. En otra sesión, el terapeuta podría continuar este diálogo usando el Trabajo con Dos-Tús.

> *Deja el Trabajo con Dos-Tús cuando lo consideres apropiado.*

De cualquier forma, el trabajo continúa...

d) División del Self-vs-Self que evoluciona a una división del Self-vs-Otro

Cliente: (como Crítico) Deja de lloriquear y de quejarte. Siempre tienes algo de qué quejarte.

Terapeuta: Cambia de lugar. ¿Qué te sucede cuando escuchas eso?

Cliente: (hace una conexión) Es mi tío Fred quien habla. Él ha tratado de ser un padre para mí desde que el mío murió.

Terapeuta: (facilita el cambio al Self-vs-Otro) Imagina a tu tío Fred ahí. Habla con él.

El trabajo continúa...

e) División del Self-vs-Otro evoluciona hacia una división del Self-vs-Self

Cliente: (como "madre") No tienes ningún derecho a quejarte. Lo que te está pasando no es nada -NADA- comparado con lo que les sucede a otras personas. Tienes tanto...

Terapeuta: Cambia de lugar. ¿Qué te sucede al escuchar eso?

Cliente: (se queda callado)

Terapeuta: ¿Qué sucede?

Cliente: (como Self) No puedo decirle nada a ella.

Terapeuta: (facilita la transición a la división del Self-vs-Self al transformar la resistencia en acción) Ven aquí y ya no seas tu madre; sé esa parte tuya que te impide decirle algo a tu madre.

Cliente: (como Crítico) No seas grosero con ella. No la lastimes. Sabes todo lo que ha sufrido en su vida. Tú tienes mucho más de lo que ella tuvo cuando era niña.

Terapeuta: Regresa al otro lugar. (pausa) ¿Cómo es para ti escuchar eso?

Cliente: (como SE) Lo mismo de siempre. Lo mismo de siempre. Sus sentimientos son siempre más importantes que los míos.

Terapeuta: Cuéntale a esa parte tuya acerca de eso.

Cliente: (como SE) Toda mi vida ha consistido en no sentir lo que siento. Necesito sentir lo que siento aún cuando no sea tan malo como lo que ella siente.

El trabajo entre el Crítico y el Self Experiencial continúa, y podría cambiar de nuevo al concepto de su madre a medida que el trabajo progrese.

Resumen

Empezar a usar el Trabajo con Dos-Tús es siempre un reto para el terapeuta. Este capítulo preparó a los terapeutas para que empiecen el trabajo, al señalar los indicadores, como las conductas verbales y no verbales, de cuándo pasar al Trabajo con Dos-Tús. Les dio a los terapeutas distintas estrategias específicas para introducir el Trabajo con Dos-Tús a los clientes por primera vez. Expuse distintas maneras de separar las partes en conflicto -el Crítico y el Self Experiencial- y de mantenerlas en desacuerdo mientras las divisiones cambiaban de una a otra a lo largo del proceso. Finalmente, di ejemplos de cómo la resistencia puede ser transformada en acción para evitar o revertir el bloqueo en la interacción.

Capítulo Cinco

Facilitando la revelación

Quería cambiar el mundo. Pero he encontrado que lo único que se puede estar seguro de cambiar es a uno mismo.
-Aldous Huxley

El Trabajo con Dos-Tús es una intervención efectiva y eficiente que los terapeutas pueden usar para ayudar a sus clientes a cambiarse a sí mismos. El capítulo 4 empezó el trabajo. Este capítulo se enfoca en las habilidades terapéuticas necesarias para mantener la separación entre el Crítico y el Self Experiencial y conocer más a fondo las distintas personalidades de cada uno al relacionarse entre sí. Los terapeutas aprenden a facilitar el auto-descubrimiento del cliente al preguntar sobre su experiencia, cambiando su lenguaje, aclarando pronombres y expresiones, diferenciando entre sentimientos y pensamientos, y observando y comentando sobre las conductas no verbales. A lo largo del proceso, la conciencia del cliente sobre sí mismo se profundiza, propiciando el darse cuenta y el cambio.

Dirigiendo la interacción

En el Trabajo con Dos-Tús, la tarea del terapeuta consiste en involucrar al cliente en el proceso de interactuar con los dos aspectos del self usando conductas verbales y no verbales. Al principio, los clientes tienden a hablarle al terapeuta de lo que sucede entre ambas partes del self. Los terapeutas necesitan dirigir al cliente para que deje de hablarle y se involucre en el diálogo entre las dos partes del self. A medida que el cliente pasa de "hablar acerca de" a "hablarle a", el trabajo se energiza. Cuando la interacción se vuelve más relevante y significativa, el cliente se compromete más con el proceso. Experimenta el beneficio de tener sentimientos más claros, de tener acceso a sentimientos subyacentes, a nuevas experiencias, a una nueva conciencia y a un nuevo insight y una nueva comprensión. Una vez que el cliente vive el beneficio de comprometerse en el proceso, tiende a ser menos consciente del terapeuta, pues se sumerge más en la interacción.

Es natural que el cliente hable directamente al terapeuta, especialmente al inicio del Trabajo con Dos-Tús. La tarea del terapeuta es reencauzar diplomáticamente la plática a la otra parte del self del cliente, fuera del terapeuta.

Ejemplos:

a) División del Self-vs-Self: el cliente está regañándose a sí mismo.

Cliente: (como Crítico hablando a la terapeuta) Está siendo ridículo.

Terapeuta: (en silencio -señala el espacio vacío en el que se encuentra el SE)

Cliente: (como Crítico mira hacia el SE) Eres un tonto. ¡No puedo creer lo tonto que eres! Si no haces algo para detener esta idiotez, ¡lo pagarás por siempre!

El trabajo continúa...

b) División del Self-vs-Self: el cliente está conflictuado con respecto a si debe dejar su matrimonio.

Cliente: (como SE habla con el terapeuta) He querido salir desde hace mucho tiempo.

Terapeuta: Habla directamente con esa parte de ti mismo.

Cliente: (como SE se dirige al Crítico) Quiero salir. Simplemente no puedo soportarlo más. No puedo vivir mi vida (pausa), ¡no puedo tomar decisiones!

El trabajo continúa...

c) División del Self-vs-Otro: el cliente está conflictuado sobre si debe o no tener otro hijo.

Cliente: (como Self se dirige a la terapeuta) Es mi esposa la que quiere otro hijo. Yo no estoy seguro.

Terapeuta: (se ha establecido una fuerte alianza terapéutica) No me digas a mí; (señala) díselo a ella.

Cliente: (como Self mira y habla a su "esposa") No estoy seguro de querer otro hijo. Las cosas están ya bastante difíciles entre nosotros así como están. Realmente quiero que las cosas entre tú y yo mejoren.

El trabajo continúa...

d) División del Self-vs-Otro: el cliente batalla con una colega.

Cliente: (como Self habla a la terapeuta) Ella no debió haberle dicho a nadie.

Terapeuta: (modela hacia adónde mirar) (inclina la cabeza hacia la "colega")

Cliente: (como Self mira y habla a la "colega") Mira, no debiste de haberle dicho a Carol ni a Jack, ni a nadie. Pensé que podía confiar en ti para que esto quedara entre nosotros.

El trabajo continúa...

Manteniendo la separación

Los indicadores de la confluencia: confusión y falta de energía en el trabajo.

La labor del terapeuta es mantener las dos partes del self claramente separadas una de otra. Si el límite entre los dos aspectos del self se torna borroso, el cliente se confunde y el trabajo pierde energía. Esto indica que ha ocurrido confluencia/enredo entre ambas partes. Comentarios espontáneos de los clientes, como "no sé qué parte soy", "estoy confundido" y "olvidé lo que dije", también indican que existe confluencia. A veces los clientes se menosprecian: "no soy muy bueno en esto", o indirectamente menosprecian al terapeuta: "esto no está funcionando".

> Los indicadores de la confluencia: confusión y falta de energía en el trabajo.

La confluencia a veces ocurre a pesar de las intervenciones del terapeuta. Cuando esto sucede, el terapeuta puede regresar a un punto del trabajo en el que las dos partes estaban claramente separadas, y el conflicto estaba presente, o puede detener el trabajo por completo y reestablecer las dos partes.

Ejemplos:

a) El cliente muestra confusión

Cliente: Empiezo a confundirme. No estoy seguro desde qué lado estoy hablando.

Terapeuta: Está bien. Vamos a regresarnos aquí. Este es el lado que quiere ir de vacaciones. La parte de allá es la que no quiere que vayas. Dile a esa parte de nuevo (la terapeuta retoma un diálogo previo), "¡Necesito un descanso!"

Cliente: (como SE directamente al Crítico) Sí. Eso es. ¡Necesito un descanso!

El trabajo continúa...

b) El terapeuta nota la confluencia

Terapeuta: Un minuto. Parece que las partes han cambiado de lugar. Intentémoslo de nuevo. ¿Ésta es la parte de ti que quiere ir de vacaciones?

Cliente: sí.

Terapeuta: (terapeuta señala al Crítico) Entonces dile a esa parte de allá que te está impidiendo ir (terapeuta retoma un diálogo previo): "Necesito un descanso".

Cliente: (como SE) Sí. Así es. ¡Necesito un descanso!

El trabajo continúa...

c) El terapeuta no sabe qué sucede, sólo percibe su propia sensación de confusión

Terapeuta: Estoy confundida. No estoy segura de lo que está sucediendo aquí.

Cliente: No estoy segura yo tampoco.

Terapeuta: Regresemos al punto en el que las dos partes eran claras. Había una parte tuya que quería ser plenamente tú, y otra que te impedía ser plenamente tú. Estás en el lugar de la parte que te detiene. Habla desde esa parte.

Cliente: (como Crítico al SE) Podrías enfermarte. Recuerda que en las últimas vacaciones, en verdad te enfermaste. O, puedes tener un accidente o algo más podría pasar.

Terapeuta: Cambia (el cliente cambia al lugar del SE) Ahora, responde.

El trabajo continúa...

Experimentando cada parte del self

Tenemos muchos sentidos -vista, olfato, oído, tacto, gusto y el sentido cenestésico-. Los terapeutas pueden propiciar que los clientes contacten su experiencia al preguntarles qué sensación experimentan con respecto a cada parte. Evita preguntarles qué imaginan, ven, o sienten[5] porque esto influye en su enfoque y suele limitar su respuesta. Algunas personas prestan más atención a lo que ven, otros prestan más atención a lo que escuchan. Preguntarle al cliente qué sensación experimenta o de qué se da cuenta, le permite responder de forma más libre y espontánea.

Ejemplos:

a) División del Self-vs-Self

Terapeuta: (preguntando sobre el SE) ¿Qué sensación tienes de esta parte?

Cliente: (como SE) Temblorosa. Me siento realmente (pausa) toda temblorosa.

Terapeuta: Permítete estar temblorosa. Tiembla más.

El trabajo continúa...

b) División del Self-vs-Self

Terapeuta: (preguntando sobre el SE) ¿De qué te das cuenta desde este lado?

Cliente: (como SE) Decepción. (pausa) Sí, me siento decepcionado.

Terapeuta: ¿Cómo experimentas tu decepción? ¿Qué sensaciones tienes en el cuerpo?

Cliente: (como SE) Opresión en el pecho y en la garganta... Punzadas alrededor de mis ojos.

El trabajo continúa...

c) División del Self-vs-Self

Terapeuta: (preguntando sobre el Crítico) ¿Qué estás experimentando al hablar desde esta posición?

---

5   N. del T. Aquí se refiere a "sentir" como sentimiento, no como sensación. En la traducción, a lo largo del texto, para evitar confusión, se utiliza "sentir" cuando la autora se refiere a sentimientos, y "experimentar la sensación", cuando se refiere a sentir como sensación.

Cliente: (como Crítico) ¡Grande! Es raro lo grande que me siento desde este lado, y lo pequeño que me siento desde allá. (señala al otro self)

El trabajo continúa...

d) División del Self-vs-Self

Terapeuta: (preguntando sobre el Crítico) ¿De qué te das cuenta ahora?

Cliente: (como Crítico) Cansado. Realmente cansado. Estoy cansado de estar siempre encima de él. (señala al SE)

Terapeuta: Permítete sentir lo profundamente cansado que estás. (pausa) Háblale a tu Self Experiencial sobre esto.

El trabajo continúa...

e) División del Self-vs-Otro

Terapeuta: (preguntando sobre el "cónyuge") Como tu cónyuge, ¿Qué sensación experimentas con respecto a ti mismo?

Cliente: Estoy asustado.

Terapeuta: (pidiéndole al cliente que sea más específico) ¿Cómo sabes que estás asustado?

Cliente: (como "cónyuge") Una especie de encogimiento y tirón hacia atrás. Más alerta.

El trabajo continúa...

> *Pregunta sobre las sensaciones más que por los sentimientos.*

No está mal preguntar por los sentimientos, pero no lo recomiendo. Los sentimientos son como constelaciones de estrellas -combinaciones de sensaciones específicas conforman un sentimiento distinto-. ¿Cómo sabemos la diferencia entre sentirse hambriento y sentirse sediento? Lo sabemos porque hay distintas sensaciones que hemos llegado a entender como necesidades específicas. Lo mismo ocurre con los sentimientos -distintos sentimientos tienen distintos grupos de sensaciones-. Las lágrimas de felicidad y las lágrimas de tristeza parecen iguales, pero son creadas a partir de sensaciones diferentes. Cuando un terapeuta le pide al cliente que nombre un sentimiento durante el trabajo, el cliente puede tener que pasar de la parte del cerebro en la que experimenta los sentimientos, a la parte del cerebro que nombra lo que experimenta. Esto puede distraer al cliente, y es innecesario para el trabajo. Lo importante es que el cliente sea consciente de las sensaciones que provocan los sentimientos. A menudo, los clientes saben cuál es el sentimiento, y a veces lo nombran. Pero en otras ocasiones, se trata de un sentimiento que no han experimentado antes, o que ya experimentaron, pero que no identifican. Por ejemplo, desesperación, alienación, o una sensación de que harán implosión. Muchos clientes temen que pueda haber algo mal en ellos, o que estén volviéndose locos. Si el terapeuta reconoce o intuye el sentimiento y le pone nombre, los clientes experimentan algo de alivio, sabiendo que existe un nombre para él; que está dentro de lo normal. Sin embargo, el terapeuta puede no saberlo, y no es necesario que lo sepa. Dirigir a los clientes para que se enfoquen en las sensaciones añade información a la consciencia del cliente, y eso es lo que resulta útil.

Si el terapeuta nombra el sentimiento, y es acertado, el cliente verá esto como una validación. Pero si el terapeuta no acierta, entonces el cliente deberá corregir al terapeuta o intentará adaptarse al terapeuta, lo cual interrumpe el trabajo.

Otro ejemplo:

f) La terapeuta establece una manera en la que ella y el cliente pueden colaborar durante el trabajo

Cliente: (como SE está sintiendo algo) Ohhh. Siento algo, pero simplemente no sé qué es.

Terapeuta: Por lo que has estado diciendo, tengo cierta idea. Me gustaría lanzarla. Si estoy en lo cierto, lo sentirás; si no, quiero que sólo dejes pasar lo que dije. Así, me sentiré libre de lanzar cosas, sabiendo que desecharás lo que yo diga si no es acertado.

Cliente: (como SE asienta con la cabeza)

Terapeuta: (tentativamente) Exhausto.

Cliente: (admite con un gemido) Eso es. (pausa) Eso es lo que siento -simplemente muerto de cansancio-. Jamás me había sentido tan cansado en mi vida.

El trabajo continúa...

En mi experiencia trabajando con clientes a un nivel emocional profundo, existen constelaciones de sensaciones que las personas no pueden nombrar articular. Por ejemplo, la desesperación es una experiencia rara. Si los clientes nunca han sentido desesperación antes, puede ser que no sepan cómo nombrarla. Hablar sobre los sentimientos y analizarlos rara vez los cambia. Experimentar las sensaciones a este nivel, y quedarse con ellas, aumenta el darse cuenta. Respirar a lo largo de las sensaciones a medida que son experimentadas, permite que el cerebro las procese de una nueva manera. Esto brinda sanación emocional. El terapeuta educa y entrena al cliente a través del proceso de sanación emocional. Cuando el cliente aprende a procesar sus emociones en la terapia, puede, entonces, hacerlo por su cuenta fuera del consultorio. Ni el terapeuta, ni el cliente, necesitan identificar una emoción, o ponerle nombre para facilitar la sanación emocional.

> *Pregunta sobre lo invisible: la experiencia interna. Comenta sobre lo visible: las conductas observables.*

Ejemplo:

Terapeuta: ¿De qué sensaciones eres consciente?

Cliente: (profundamente en el trabajo) Siento algo en mi pecho, pero no sé qué es.

Terapeuta: (silenciosa y gentilmente) No trates de ponerle nombre a lo que estás sintiendo. Sólo quédate con esas sensaciones. Siente curiosidad con respecto a ellas. Quédate con ellas tanto como puedas y respira mientras están.

El trabajo continúa...

Autodescubrimiento

La meta del terapeuta en el Trabajo con Dos-Tús es generar situaciones y experiencias que ayuden al cliente a descubrirse a sí mismo a través del aumento de consciencia. El aumento de consciencia permite lograr entendimiento (insight). Al mismo tiempo de formar una alianza con el cliente, el terapeuta facilita el autodescubrimiento al emplear intervenciones

> *Meta: Crear situaciones y experiencias que ayuden al cliente a descubrirse a través del aumento de consciencia.*

que aumentan la consciencia en todo nivel. Hay muchas cosas de las cuales ser consciente -pensamientos, creencias, sentimientos, sensaciones y conductas-. Cuando el cliente es más consciente de las partes del self que están en conflicto y explora la experiencia de cada parte a profundidad, descubre nueva información que conduce a una nueva percepción de sí mismo. Los clientes se dan cuenta de pensamientos y creencias que no sabían que tenían. Los clientes experimentan sentimientos y sensaciones que habían bloqueado sin saberlo. Los clientes descubren que algunas de sus conductas son bloqueadas o dirigidas por sentimientos y sensaciones que no sabían que estaban intentando evadir.

Durante el Trabajo con Dos-Tús, los clientes dirán espontáneamente cosas como, "no sabía que creía eso", "me sorprende haber dicho eso", "no puedo creer que hice eso", "no tenía idea de que me sentía así", "es nuevo para mí saber que me saboteo", "me sorprende que me haya traumado ese evento". Todas estas son frases que indican autodescubrimiento.

Una vez que los clientes saben lo que piensan y experimentan, pueden tomar mejores decisiones para ellos mismos. El aumento de conciencia sobre su experiencia y funcionamiento los guía para tomar mejores decisiones sobre lo que deben o no hacer. Si requieren sanar de alguna experiencia del pasado, pueden empezar el proceso. Si saben que están exhaustos, pueden tomar acciones para cambiar sus vidas para poder descansar lo que necesitan. Si se dan cuenta de que son fuertes porque han resistido algo difícil, pueden ahora utilizar esa fuerza de maneras que resulten saludables y productivas para ellos.

> *Autodescubrimiento: accesar y reconocer como propios pensamientos/creencias, sentimientos, sensaciones y conductas de las cuales antes uno no era consciente (o sólo era vagamente consciente).*

Cambiando el lenguaje del cliente

1. Diferenciar entre el Crítico y el Self Experiencial

Utiliza pronombres para definir la relación entre el Crítico y el Self Experiencial y mantener la separación. Cuando el Crítico habla con el Self Experiencial, utiliza "Tú"; el Self Experiencial utiliza "Yo". Ejemplos:

a) División del Self-vs-Self

Cliente: (como SE hablándole al Crítico) Siempre me estás menospreciando. Sin importar lo que haga o diga, me criticas. Debes detenerte.

Terapeuta (al SE) Ahora repite lo mismo comenzando con: "Yo siento que…" y completa la frase con lo que le acabas de decir.

Cliente: (como SE hablándole al Crítico) Estoy harto de que me estés menospreciando, y no voy a permitirlo más. He aguantado por años, pero no más.

Terapeuta: Cambia de lugar y responde.

El trabajo continúa…

b) División del Self-vs-Otro

Cliente: (como self hablando con la "madre") No confías en mí. Tú nunca pensaste que podría terminar bien. Incluso ahora, como adulto, aún no confías en mí.

Terapeuta: (al cliente como Self) Habla con ella desde la posición "yo".

Cliente: (como self hablando con la "madre") Yo quiero que confíes en mí. He terminado bien, incluso más que bien. Quiero que tengas fe en mí.

El trabajo continúa…

2. Diferenciar entre pensamientos y sentimientos.

Los clientes suelen creer que están expresando sentimientos, cuando en realidad están expresando sus pensamientos y creencias. "Siento que…" no es un sentimiento; es un pensamiento. Los clientes necesitan ayuda para diferenciar entre pensamientos y sentimientos.

a) División del Self-vs-Otro

Cliente: (como SE hablando con el Crítico) Siento que nunca me dejarás llegar a mi máximo potencial.

Terapeuta: Eso es lo que tú piensas. Cuéntale a tu Crítico el impacto que tiene en ti el que no te deje llegar a tu máximo potencial.

Cliente: (como SE hablándole al Crítico) Me siento reprimido Me siento como un niño pequeño a quien nunca le permitirán crecer.

El trabajo continúa...

b) División del Self-vs-Otro

Cliente: (como SE hablando con el "cónyuge") Siento que algo más está pasando aquí.

Terapeuta: (al SE) Dile a tu pareja, "me siento confundido."

Cliente: (como self hablando con el "cónyuge") Sí. Me siento confundido. Dices que no te importa si salgo con mis amigas, pero cada vez que lo hago, estás de mal humor y abatido cuando llego a casa y... y... durante días.

El trabajo continúa...

3. Clarificando términos y expresiones

Cuando los clientes dialogan con partes de sí mismos, usan tanto expresiones y términos generales, como personales. Los terapeutas suelen asumir, de manera equivocada, que los clientes saben lo que quieren decir al utilizar ciertas expresiones o ciertos términos, pero a menudo, los clientes no lo saben. El terapeuta puede pensar que él sabe lo que el cliente quiere decir con una expresión o término, y a menudo, está en lo cierto. Sin embargo, el cliente tiene significados idiosincrásicos para las expresiones o términos que, cuando se hacen explícitos, aumentan la claridad.

a) División del Self-vs-Self

Cliente: (como SE al Crítico) De vez en cuando, necesito un día desordenado. Cuando no me permiten tener uno, me molesto.

Terapeuta: Dile qué es un día desordenado para ti.

Cliente: (como SE directo al Crítico) ¡Mira! De vez en cuando, necesito un día para relajarme. Sin planes. Sin citas. Sin compromisos. Sólo descanso y diversión. Eso es un día desordenado. Cuando no me dejas hacerlo, me quedo resentido y no quiero trabajar cuando necesito hacerlo.

El trabajo continúa...

b) División del Self-vs-Otro

Cliente: (como "madre" al SE) ¡No te atrevas a desconectarte, pequeña bobalicona!

Terapeuta: Dile a tu hija lo que quieres decir con desconectarte.

Cliente: (como "madre" al SE) Cada vez que necesito que hagas algo, te conviertes en una masa inútil. Necesito que seas capaz de resolver algunas cosas para mí ahora, ¡así que despabílate!

El trabajo continúa...

c) División del Self-vs-Otro

Cliente: (como SE a su "colega") Ya no discutas conmigo.

Terapeuta: Dile a tu colega cómo te discute.

El trabajo continúa...

4. Clarificando pronombres

Los clientes suelen usar pronombres cuando hablan. Puede ser que sepan lo que quieren decir, o a qué se refieren, pero a menudo, no. Clarificar los pronombres ayuda a los clientes a saber de qué son o no conscientes. Suelen decir "eso" o "tú" cuando quieren decir "yo". El efecto de esto es que se desvinculan de su experiencia. Pedir a los clientes que cambien su lenguaje les ayuda a tener mayor claridad con respecto a sus pensamientos, creencias, emociones y conductas.

El uso de pronombres puede ser confuso porque no son específicos: su[6], esto, a él, a ella, nosotros, ustedes, esto, eso, aquellos, quien, que, etc. Cuando el terapeuta pregunta sobre un pronombre, ayuda al cliente a articular aquello a lo que se refiere de una manera que permite aclarar el asunto.

a) División del Self-vs-Self

Cliente: (como SE al Crítico) Es triste pasar por algo así.

Terapeuta: (en voz baja) Cuéntale a tu Crítico por lo que pasaste.

Cliente: (como SE al Crítico -con lágrimas en los ojos-) Fue muy difícil sacrificar a mi gato.

Terapeuta: (en voz baja) Utiliza "yo" en vez de hablar en tercera persona.

---

6   N. del T. "su" en el texto original se utiliza varias veces referido a de ella, de él, de eso, de ellos, pero en español, se utiliza sólo "su" para cualquiera de ellos.

Cliente: (como SE llorando) Sí. (toma aire) Me siento realmente triste. Extraño a Socks. Estuvo conmigo todo el tiempo que pasé en mi desafortunado matrimonio. Me fue difícil dejarlo ir.

Terapeuta: Permítete sentir plenamente tu tristeza. (pausa larga)

El trabajo continúa...

b) División del Self-vs-Self

Cliente: (como SE al Crítico) Sientes que no importas cuando todos en la familia te ignoran

Terapeuta: Ponlo en primera persona.

Cliente: (como SE -con un nudo en la garganta) Siento que no importo porque mi familia simplemente me ignora.

El trabajo continúa...

c) División del Self-vs-Otro

Cliente: (como SE a su "madre") No es correcto ocultarle la verdad a los niños.

Terapeuta: Di, "Tú no debiste haberme ocultado la verdad cuando..."

Cliente: (como SE) Tú debiste haberme contado lo que estaba sucediendo. Aún cuando yo era un niño, necesitaba saber. Hubiera hecho las cosas de otra manera de haber sabido.

El trabajo continúa...

d) División del Self-vs-Self

Cliente: (como Crítico al SE) Tú siempre sales con esas personas.

Terapeuta: Di quiénes son "esas" personas.

Cliente: (como Crítico al SE) Tú siempre sales con perdedores como...como... Mario y Jacob.

El trabajo continúa...

5. El cliente pasa, de analizar, a expresar

Los clientes tienden a hablar acerca de sus sentimientos y sensaciones en vez de sentir lo que sienten. Analizan, racionalizan y explican sentimientos y sensaciones, creyendo todo el tiempo que están expresando sus sentimientos y lidiando con sus sentimientos, cuando no lo hacen. Los terapeutas pueden ayudar a sus clientes a pasar de hablar acerca de sus sentimientos a expresar y experimentar sentimientos.

a) División del Self-vs-Self

Cliente: (como self a su pareja) Creo que me siento solo.

Terapeuta: Dilo sin el "creo"

Cliente: (como self a su pareja) Me siento triste. (quebrándose) Me siento realmente solo (llora).

Terapeuta: Cuando estés listo, cambia de lugar. (el cliente cambia)

Terapeuta: (a su pareja) ¿Qué te sucede al ver a tu pareja llorando?

Cliente: (como pareja) Parecías estar bien. (pausa) Honestamente no me había dado cuenta...

Terapeuta: (a la pareja) Habla con él de eso.

El trabajo continúa...

b) División del Self-vs-Self

Cliente: (como Crítico al SE) Cuando hablas con tu suegra, te pones tan ansiosa, que no te comportas como tú eres. Te pones ansiosa porque no crees caerle bien. Dices cosas que empeoran todo.

Terapeuta: Cambia.

Cliente: (como SE) Simplemente no me siento suficientemente buena ante sus ojos.

Terapeuta: Regresa a este lugar y responde.

Cliente: (como Crítico al SE) Te pones ansiosa porque ella tiene muchas expectativas puestas en ti.

Terapeuta: (tentativamente) Cambia de lugar. Parece que tu Crítico te está analizando. ¿Cómo es para ti que esa parte tuya analice a esta parte?

Cliente: (como SE) No me gusta. Siento lo mismo -como si esa parte de mí no pensara que esta parte es suficientemente buena-.

Terapeuta: Habla con tu Crítico sobre eso.

El trabajo continúa...

6. Cambiar el enfoque del cliente de general a específico

El tema necesita ser específico para ser efectivo. Los clientes tienden a hablar de manera general. Encuentran difícil experimentar o sentir emociones que son expresadas de manera general. Pedir a los clientes que sean más específicos les ayuda a definir y clarificar su experiencia.

a) División del Self-vs-Self

Cliente: (como SE al terapeuta) Todos en el trabajo están contra mí.

Terapeuta: ¿Quién está en tu contra?

Cliente: (como SE) Todos.

Terapeuta: ¿Cuántos?

Cliente: (como SE al terapeuta) Bueno, (pausa) son principalmente tres. Ellos son los peores.

Terapeuta: De esos tres, ¿quién es el peor?

Cliente: (como SE al terapeuta) Bill.

Terapeuta: (preparando la División del Self-vs-Otro) Coloca a Bill allá. Toma un momento para experimentar la sensación de que él está ahí, (pausa) y luego habla con él.

Cliente: (como SE a su "colega") Me molestan todos los conflictos que me ocasionas.

Terapeuta: Ahora cámbiate para allá, y sé "Bill". (pausa) Habla y actúa como lo hace "Bill".

El trabajo continúa...

b) División Self-vs-Self

Cliente: (como Crítico al SE) Eres tan irresponsable. No se puede confiar en ti para que te encargues de algo.

Terapeuta: Cambia de lugar. Respóndele a esa parte tuya.

Cliente: (como SE) Me han dicho eso toda mi vida.

Terapeuta: ¿Quién?

Cliente: (como SE) Todos, (pausa) pero sobre todo, mis padres.

Terapeuta: Elige al que más te lo dijo.

Cliente: (como SE) Mi padre. Él me sigue diciendo que soy irresponsable.

Terapeuta: (preparando la división del Self-vs-Otro) Coloca a tu "padre" allá y habla con él.

El trabajo continúa...

7. Prestando atención: El terapeuta trae la experiencia del cliente a su consciencia

La tarea del terapeuta consiste en observar la interacción entre los aspectos del self y traer a la consciencia del cliente sus pensamientos, sentimientos y acciones -tanto los obvios, como los sutiles-. El terapeuta utiliza términos que son descriptivos, no críticos.

> *Expresa tus observaciones de manera descriptiva.*

A. Atención al interior:

El terapeuta presta atención a la experiencia del cliente que no es observable, y trae a un primer plano las sensaciones y los sentimientos al preguntar por ellos.

a) Preguntando sobre la experiencia interna (sensaciones físicas)

Terapeuta: ¿Qué estás experimentando?

Cliente: (como SE) ¿Qué quieres decir?

Terapeuta: En tu cuerpo, ¿qué sensaciones tienes? No hay sensaciones correctas o incorrectas, sólo sensaciones.

Cliente: (como SE analiza la experiencia) Creo que estoy un poquito tenso.

Terapeuta: ¿En qué parte de tu cuerpo experimentas tensión?

Cliente: (como SE con la mano en el pecho) Aquí.

Terapeuta: (mano en su propio pecho) ¿En qué parte de tu pecho? ¿Aquí? ¿o aquí? ¿o en todo?

Cliente: (como SE arrastra su mano de un hombro al otro) A lo largo.

Terapeuta: Bien. Ahora sólo presta atención a las sensaciones, sin tratar de cambiarlas. Sólo quédate con ellas.

El trabajo continúa...

b) Preguntando sobre la experiencia interna (sensaciones físicas)

Terapeuta: ¿Qué percibes en tu cuerpo en este momento?

Cliente: (como SE) Nada.

Terapeuta: Te creo. Tengo la sensación de que no estás en contacto con tu cuerpo. Enfócate en el interior. (pausa) Empieza a notar tu respiración y dime de qué te das cuenta.

Cliente: (como SE) Sin sensibilidad. Me siento simplemente sin sensibilidad.

Terapeuta: Bien. Ahora, déjate experimentar realmente tu falta de sensibilidad. Sé curioso al respecto. Explórala.

Cliente: (como SE intenta hacer lo que el terapeuta sugiere, se pone incómodo) No pasa nada.

Terapeuta: Está bien. No quiero que hagas que suceda nada. Sólo quédate con tu falta de sensibilidad. (pausa) No pienses. Sólo presta atención a las sensaciones de falta de sensibilidad y a dónde se ubican en tu cuerpo.

El trabajo continúa...

c) Preguntando sobre la experiencia interna (pensamiento)

Terapeuta: ¿Qué está sucediendo? (refiriéndose a este momento)

Cliente: (como self al terapeuta) Estoy pensando (pausa), "¿Cómo voy a decírselo?"

Terapeuta: Dile, "No sé cómo decirte..."

El trabajo continúa...

d) Preguntando sobre la experiencia interna (sentimiento)

Terapeuta: ¿De qué te das cuenta?

Cliente: (como SE) Algo de alivio.

Terapeuta: ¿En qué parte de tu cuerpo?

Cliente: En todo el cuerpo, pero especialmente en mi pecho. Puedo respirar más fácilmente.

Terapeuta: Sólo quédate con esas sensaciones un momento.

El trabajo continúa...

e) Preguntando sobre la experiencia interna (recuerdo)

Terapeuta: (nota que el cliente mira fijamente al vacío -espera a que el cliente cambie-) ¿Dónde estabas justo ahora?

Cliente: (como SE -lentamente y aturdido-) Estaba recordando a mi abuela y cómo solía protegerme de mi padre.

Terapeuta: (deja de lado el Trabajo con Dos-Tús y explora el recuerdo) Cuéntame más al respecto.

El trabajo continúa...

B. Atención al exterior:

El terapeuta se enfoca en la experiencia del cliente que es observable y lleva las sensaciones, afecto y conductas, a la atención del cliente, al comentarlas de manera neutral. Los clientes no suelen darse cuenta de su conducta no verbal. Hacer comentarios sobre su conducta ayuda a los clientes a reclamar o aceptar lo que piensan y sienten.

Ejemplos:

a) Terapeuta: Tu cuerpo se puso rígido.

b) Terapeuta: Veo que tus ojos brillan.

c) Terapeuta: Tu cabeza se hizo para atrás.

d) Terapeuta: Tu expresión cambió -se ve más suave-.

e) *Terapeuta: Nota tu mano acariciando tu garganta.*

Cliente (continúa acariciando su garganta) (silencio)

Terapeuta: (cambia a la división del Self-vs-Cosa) Sé tu mano y háblale a tu garganta.

Cliente: (como "mano") No llores. No dejes que nadie te vea llorar.

Terapeuta: Ahora cambia. (pausa) Sé tu garganta y respóndele a tu mano.

El trabajo continúa...

f) *Cliente: (como Crítico al SE) Está bien. Está bien. Que sea como tú quieres.*

Terapeuta: Tus hombros bajaron al decir eso.

Cliente: (como Crítico al SE) Me rindo. Te dejo hacerlo a tu modo.

Terapeuta: Cambia de lugar. ¿Qué tienes que decir ante eso?

Cliente: (como SE) ¡Genial! Lo valoro. Ya era hora, pero más vale tarde que nunca.

El trabajo continúa...

g) *Terapeuta: (cambia a la división del Self-vs-Cosa) Estás torciendo el pañuelo desechable. Háblale al pañuelo.*

Cliente: (como Crítico al pañuelo desechable) Te voy a torcer y torcer hasta que hagas lo que quiero.

Terapeuta: Ahora sé el pañuelo y responde.

Cliente: (SE como pañuelo) Me estás destruyendo. Estoy quedando todo torcido y sin forma. Estás tratando de convertirme en algo que no soy.

El trabajo continúa...

Emplea palabras descriptivas, en vez de palabras o expresiones que impliquen emoción. Por ejemplo, "Te ves muy calmado" en vez de "pareces congelado". Y "Tus cejas se juntaron" en vez de "te ves enojado". Esto hace que los clientes puedan accesar a su propia experiencia más fácilmente, y que sea menos probable que se adapten a la del terapeuta. Asimismo, disminuye la posibilidad de que los comentarios del terapeuta interfieran en la experiencia del cliente.

Los clientes pueden estar desconectados de sus propias sensaciones corporales en distinto grado. Algunos clientes no tienen idea de lo que quiere decir el terapeuta cuando éste les pregunta qué están experimentando. A menudo son capaces de analizar sus sentimientos y experiencias, pero no de sentir o experimentar la sensación de sus cuerpos.

El hemisferio derecho, el sistema límbico y el cuerpo crean la emoción. Al permanecer en el hemisferio izquierdo, el individuo no tiene sensación alguna, por lo que puede evitar sentir lo que siente. Esto puede ocurrir con cualquier sentimiento, placentero (amar a alguien intensamente) o desagradable (temor o dolor). Hay veces en que esto tiene una función positiva, como superar una emergencia o experiencia atemorizante. Las sensaciones de ese momento y los sentimientos generados a menudo son experimentados después del hecho, estando despiertos, o en sueños o pesadillas. Cuando las personas siguen evitando la emoción, no son capaces de procesarla. No son capaces de integrar la emoción a su pensamiento lógico, racional. Desconectarse de la propia emoción consume energía, energía que no estará disponible para que la persona viva su vida.

Recuerdo que en una ocasión supe que estaba ansioso porque cuando estoy ansioso, las palmas de mis manos se ponen sudorosas y, en ocasiones, cuando estoy realmente ansioso, mis axilas se ponen sudorosas. Pero no me sentía ansioso. Así que pensé intentar vivir mi ansiedad. A medida que exploraba mis pensamientos, algo ocurrió en mi mente que me es imposible describir. De repente, todo mi cuerpo estaba lleno de ansiedad. Era como si hubiera abierto una puerta o movido un interruptor en mi mente, y la ansiedad hubiera empezado a fluir. Las sensaciones y la experiencia eran tan angustiantes, que de alguna manera las había "apagado" de mi mente para no tener que sentirlas. Ahora me doy cuenta de que cuando pensaba desde mi hemisferio izquierdo, podía notar que estaba ansioso al analizar mis síntomas, pero no sentía las sensaciones. Cuando hice un cambio en mi cabeza, sentí que había pasado a una parte distinta de mi cerebro, que me hizo posible experimentar las sensaciones de la ansiedad. Entonces pude procesar la ansiedad.

Las personas pueden evitar sus experiencias positivas o negativas al moverse al hemisferio izquierdo, y seguir pensando desde el hemisferio izquierdo. No se dan cuenta de qué están haciéndolo ni de cómo lo hacen, pero tiene un costo alto, ya que pierden la conexión con su self emocional e intuitivo. Las mejores decisiones derivan del uso de ambos hemisferios.

Parte del Trabajo con Dos-Tús consiste en enseñar a las personas a reconectarse con su self emocional intuitivo, y en apoyarlos para que procesen y experimenten sus sentimientos incómodos y vulnerables.

Reacciones comunes del cliente a la atención del terapeuta

1. El cliente siente la necesidad de explicar

Los clientes no están acostumbrados a que alguien les pida que presten atención a su propia experiencia. Es posible que también quieran la comprensión y la aceptación del terapeuta, por lo que suelen reaccionar explicando o analizando.

Terapeuta: Acabas de inhalar profundamente.

Cliente: (explicando) Lo hago mucho. Sólo necesitaba más aire. A veces me doy cuenta de que sostengo la respiración.

Terapeuta: Está bien. Simplemente quería que llevaras ahí tu atención para que lo notaras. No quiero que hagas nada al respecto -sólo date cuenta de eso-.

El trabajo continúa...

2. El cliente piensa que está haciendo algo mal

Los clientes a menudo piensan que hay una manera correcta y otra incorrecta de hacer las cosas. Cuando los terapeutas hacen comentarios sobre la experiencia del cliente, muchos clientes temen no estar haciendo las cosas bien. Necesitan que se les confirme que no hay sensaciones o conductas "buenas" o "malas".

Terapeuta: Tu hombro izquierdo acaba de levantarse.

Cliente: (temeroso) ¿No debo hacer eso?

Terapeuta: No hay una manera correcta o incorrecta de responder o de reaccionar. Me interesa lo que es. Estoy trayéndolo a tu atención para que puedas tener mayor conciencia de tu experiencia.

El trabajo continúa...

Aprender el Trabajo con Dos-Tús es como aprender los pasos de un baile complicado con una pareja nueva. Lleva tiempo aprenderse todos los pasos y volverse experto en ellos, así como aplicarlos con ritmo y de manera oportuna. Ten paciencia contigo mismo. Aprender cualquier cosa difícil requiere tiempo y práctica.

Resumen

Aprender el Trabajo con Dos-Tús es complicado. Este capítulo proporcionó a los terapeutas habilidades y estrategias para que mantengan la separación entre el Crítico y el Self Experiencial y para que faciliten la interacción entre ambos. Se enseña a los terapeutas a dar claridad al cliente mediante preguntas, moldeamiento y exploración, lo cual permite que cada parte desarrolle su propia personalidad única, y descubra el trauma no sanado. El aumento de conciencia permite el autoconocimiento, el insight y el cambio.

Capítulo Seis

Intensificando la Relación

Si esperas un resultado distinto, no sigas haciendo las mismas cosas una y otra vez. -Albert Einstein

A estas alturas, el terapeuta ha aprendido a involucrar al Crítico y al Self Experiencial en una interacción productiva, y a moldear las respuestas y reacciones entre ellos, dejando clara la naturaleza de su lucha. El foco ha cambiado del contenido o de la historia de la lucha, al estilo y la calidad de la interacción. Ahora es momento de aumentar la interacción con el fin de continuar generando cambios en el Crítico y en el Self Experiencial. Aumentar la interacción es una manera efectiva de evocar o incluso provocar el cambio en cada parte. En este capítulo, los terapeutas aprenden las habilidades diseñadas para intensificar la manera en que el Crítico y el Self Experiencial se relacionan el uno con el otro. Indagando, aprenden cómo hacer explícitas las experiencias y emociones evocadas en cada parte, y cómo involucrar el cuerpo usando las habilidades de representación, repetición, exageración e intensificación. La tarea del terapeuta es hacer que el cambio ocurra y, al incrementar la intensidad, habitualmente se produce el cambio.

Interacción

Haz que la interacción entre los aspectos del self sea abierta.

A lo largo de la infancia y de la etapa adulta, las personas desarrollan una manera de ser en el mundo; es decir, desarrollan patrones o modos habituales de relacionarse consigo mismos y con los demás. Con base en su configuración genética, sus experiencias y circunstancias, su manera de ser en el mundo puede mantenerse toda la vida, o puede cambiar. Cuando las personas son incapaces de resolver su conflicto interno, su manera de ser en el mundo se ha vuelto problemática.

El Trabajo con Dos-Tús se dirige a la relación del cliente con el self, con el fin de lograr que la interacción entre el Self Experiencial y el Crítico cambie de negativa a positiva, de estar en oposición, a estar alineada de nuevo. En cualquier interacción, hay un propósito, un estilo de perseguir dicho propósito y un resultado. El propósito puede ser proteger, manipular, apoyar, complacer, dominar, rescatar, educar, bloquear, ser comprendido, tomar represalias, pedir ayuda, regañar, empatizar, controlar, inspirar, justificar, disfrutar, defender, amar, y más. La manera de implementar el propósito, la mayoría de las veces, aunque no siempre, determina el resultado de la interacción -positiva, negativa o neutral-.

Un padre puede intentar proteger a su hijo de ser dañado, y existen distintas maneras de lograr esa protección. Sin embargo, a menudo los padres buscan proteger, pero la manera en que lo hacen, de hecho daña al niño, no es efectiva, o provoca que suceda algo completamente distinto. Por ejemplo, los padres suelen querer que sus hijos digan la verdad, pero les enseñan a mentir al no saber manejar la verdad de su hijo. Internamente, nos hacemos lo mismo. Podemos intentar protegernos y, dependiendo de la manera en que lo hagamos, podemos lograr o no nuestro propósito. En el Trabajo con Dos-Tús, el tema de cómo fueron tratados los clientes en su familia de origen casi siempre surge en algún punto del trabajo. Enfocarse en la crianza no significa culpar a los padres, sino explicar la forma en que ésta moldeó al cliente.

El principal propósito a lo largo del Trabajo con Dos-Tús es traer la experiencia del cliente plenamente a su conciencia, para que pueda entenderse mejor y pueda elegir cómo relacionarse consigo mismo -manteniendo lo que le gusta y cambiando lo que le resulta problemático-. Las siguientes habilidades están diseñadas para explorar y hacer consciente lo que el cliente intenta hacerse a sí mismo, cómo se lo está haciendo y si el resultado es deseado o no. Una vez que el cliente es consciente de lo que se hace a sí mismo, y de cómo se lo hace, tiene la posibilidad de elegir -puede continuar con el antiguo modo que le resulta familiar y que ya no le funciona, o puede experimentar para encontrar un nuevo qué, usando un distinto cómo, y alcanzar un nuevo resultado que pueda funcionar mucho mejor-.

Preguntas "qué y cómo"

Las preguntas "qué y cómo" están orientadas a aclarar lo que cada parte del self intenta hacer, o no hacer, a la otra, así como identificar el estilo del comportamiento. ¿Está dominando el Crítico al Self Experiencial, y de ser así, con qué fin? ¿Qué comportamientos utiliza para conseguir el dominio? ¿Qué hace el Self Experiencial en respuesta (o reacción), y cómo se comporta? Los estilos pueden ser abiertos o encubiertos, comunes o únicos, seductores o directos.

Ejemplos:

¿Cuál es tu propósito?

¿Qué tratas de hacer con esa parte tuya?

¿Qué tratas de evitar?

¿Cómo lo estás evitando?

¿Qué haces con tu jefe?

¿Cómo lo estás haciendo?

Como tu abuela, ¿qué te haces a ti mismo? ¿Cómo lo haces?

¿Qué tratas de lograr/hacer que suceda?

¿Cuál es el propósito/función de lo que haces?

a) División del Self-vs-Self

> *Haz que la interacción entre los aspectos del self sea abierta.*

Cliente: (como Crítico al SE) No hiciste lo que dijiste que harías. No cumpliste con tu promesa. Dijiste que irías ahí con ella cuando ella necesitara ir.

Terapeuta: ¿Qué le haces a esta parte tuya?

Cliente: (como Crítico al terapeuta) Estoy culpándome a mí mismo.

Terapeuta: ¿Cómo lo haces?

Cliente: (como Crítico al terapeuta) Haciéndome sentir culpable.

Terapeuta: Haz que esa parte tuya se sienta aún más culpable.

El trabajo continúa...

b) División del Self-vs-Self

Cliente: (como Crítico al SE) No tienes educación. No sabes cómo hacerlo. No sabes lo que haces. Realmente podrías complicar las cosas.

Terapeuta: (al Crítico) ¿Qué le estás haciendo a esa parte tuya?

Cliente: (como Crítico) No estoy seguro.

Terapeuta: Me parece que te estás haciendo dudar de ti mismo. ¿Te parece así?

Cliente: (como Crítico) Sí, claro que sí.

Terapeuta: ¿Cómo lo haces?

Cliente: (con conocimiento) Atacando mi inteligencia.

Terapeuta: Sigue haciéndote dudar. Ataca en verdad tu inteligencia.

El trabajo continúa...

c) División del Self-vs-Otro

Cliente: (como SE al "esposo") Eres tan fuerte.

Terapeuta: ¿Qué haces con él?

Cliente: (como SE a la terapeuta) Bueno, él está enojado, así que estoy tratando de que no esté tan enojado. Realmente asusta cuando se enoja.

Terapeuta: ¿Cómo lo haces?

Cliente: (como SE a la terapeuta) Realmente no sé. Sólo quiero que deje de estar enojado.

Terapeuta: Bueno, podría estar equivocada, pero parece que estás tratando de seducirlo.

Cliente: (se sonroja y baja la mirada) Sí, (pausa) creo que lo hago.

Terapeuta: Adelante, sedúcelo más. Date cuenta que para eso lo haces y hazlo deliberadamente.

El trabajo continúa...

Preguntas "con respecto a"

Las preguntas "con respecto a" están orientadas a identificar la dinámica emocional entre las dos partes del self, sin importar el tema o el contenido de su diálogo. ¿Están peleando o se están llevando bien? Si están peleando, ¿cómo están peleando? Si se están llevando bien, ¿cómo se están llevando bien?

Ejemplos:

¿Como te sientes con respecto a esa parte de ti?

¿Qué tipo de actitud tienes con respecto a esa parte de ti?

¿Cómo te sientes con respecto a (padre, abuelo, jefe, amigo, hermano, vecino, extraño, etc)?

Como tu (padre, jefe, amigo, hermano, etc.), ¿cómo te sientes con respecto a ti mismo?

a) División del Self-vs-Self

Cliente: (como Crítico al SE) ¡Tú, miserable pedazo de basura!

Terapeuta: (al Crítico) ¿Cómo te sientes con respecto a esa parte de ti?

Cliente: (como Crítico al terapeuta) ¡Indignado!

Terapeuta: Indígnate más.

Cliente: (como Crítico entendiendo) No vales nada. Me avergüenzas. (pausa) Hmmm... me recuerda a mi padre.

Terapeuta: (mueve al cliente a la división del Self-vs-Otro) Tómate un momento y experimenta la sensaicón de ser tu "padre" (pausa). Ahora, sé tu "padre" y habla con tu hijo.

El trabajo continúa...

b) División del Self-vs-Otro

Cliente: (como SE al "tío") No hago nada bien ante tus ojos.

Terapeuta: ¿Cómo te sientes con respecto a tu tío en este momento?

Cliente: (como SE al terapeuta) Furioso. No tiene derecho de estar encima de mí.

Terapeuta: Habla con él acerca de eso.

El trabajo continúa...

c) División del Self-vs-Self

Cliente: (Crítico suavizado al SE) Ahora entiendo. Siempre te culpé por haber dejado que ese viejo te pusiera las manos encima. Ahora me doy cuenta de que no podrías haberle dicho que "no" a él. Eras demasiado pequeño.

Terapeuta: ¿Cómo te sientes con respecto a tu self "de cinco años" en este momento?

Cliente: (Crítico suavizado al terapeuta) Compasivo. Amoroso. Protector.

Terapeuta: Dile eso.

Cliente: (tiernamente como Crítico) Desearía haber estado ahí para protegerte de ese bastardo. Siento mucho que te haya ocurrido esto (pausa) y (pausa) que yo te haya culpado todos estos años. Lo siento. No fue tu culpa.

El trabajo continúa...

Preguntas "Impacto"

La función de las preguntas "impacto" es identificar el impacto específico que cada parte del self tiene en la otra en ciertos momentos de la interacción. Poner en palabras el impacto a menudo ayuda a que la experiencia se entienda por completo para que el cliente la reconozca como real, tal vez por primera vez. Esto es cierto tanto para las interacciones positivas, como negativas.

Ejemplos:

¿Cómo es para ti que te hagan eso? ¿que te digan eso?

¿Qué te sucede cuando ves eso?

¿Qué impacto tiene eso en ti?

Frente a eso (negatividad/fuerza/poder), ¿qué te sucede?

¿Cómo es para ti que tu Crítico se vuelva tierno?

¿Qué te sucede cuando escuchas eso? ¿cuándo experimentas eso?

Esa parte te acaba de menospreciar justo ahora. ¿Qué se siente ser el blanco una vez más?

a) División del Self-vs-Self

Cliente: (como Crítico al SE) Comadreja. Bribón mentiroso y embustero.

Terapeuta: Cambia de lugar.

Cliente: (como SE) (silencio)

Terapeuta: ¿Qué impacto tiene eso en ti?

Cliente: (como SE al terapeuta) Es como ser pateado cuando se ha caído. Ya es suficientemente difícil sin eso.

Terapeuta: (suavemente) ¿Puedes hablarle de eso (pausa), o no?

El trabajo continúa...

b) División del Self-vs-Otro

Cliente: (como "padre" al SE) Supéralo. Madura y supéralo. ¡No me vengas con esa mierda!

Terapeuta: (al SE) Cambia de lugar. ¿Qué se siente escucharlo decir eso una y otra vez? ¿Qué provoca en ti?

Cliente: (como SE al terapeuta) Desesperanzado.

Terapeuta: (en voz baja) ¿Como de qué edad te sientes en este momento?

Cliente: (como SE, viéndose como niño) ¡Caray! Como de 12, creo.

El trabajo continúa...

c) División del Self-vs-Otro

Cliente: (como "madre" al SE) Eres una completa desilusión para mí y para esta familia. Tus abuelos se revolcarían en sus tumbas si estuvieran aquí. Eres una decepción para tus profesores y para toda la escuela.

Terapeuta: Cambia de lugar. Frente a eso, ¿qué te sucede?

Cliente: (como SE) (suspira) Siento ganas de darme por vencido.

¿Qué caso tiene? Ella nunca va a cambiar.

El trabajo continúa...

Facilitar la toma de conciencia del cliente

Para responsabilizarse de los pensamientos, creencias, sentimientos y conductas, los clientes necesitan hablar, experimentar, sentir y actuar. Usando las habilidades de repetición, intensificación, exageración y representación, los terapeutas pueden incrementar el grado de consciencia del cliente al hacerles decir y hacer lo que ya dicen y hacen sin saberlo, o sabiéndolo sólo vagamente, al dirigirlos para que lo hagan deliberadamente. A menudo, estas habilidades son utilizadas de manera conjunta, como en hazlo (representación); hazlo de nuevo (repetición); hazlo más grande (exageración); hazlo más fuerte (intensificación).

> *Dirige a tus clientes para que hagan deliberadamente lo que ya hacen habitualmente.*

Repetición

a) División del Self-vs-Self

Cliente: (como Crítico con desprecio) Sólo vas a echarlo todo a perder de nuevo.

Terapeuta: Cambia de lugar

Cliente: (como SE en voz baja) **No esta vez.**

Terapeuta: Dilo de nuevo

Cliente: (como SE ligeramente más fuerte) No esta vez.

Terapeuta: De nuevo.

Cliente: (como SE enfáticamente) **NO ESTA VEZ.**

Terapeuta: (al Crítico) Cambia de lugar.

¡Bueno! Hubo un cambio. Esa parte está haciéndote frente. Ella no suele hacer eso. ¿Qué te sucede cuando ella alza la voz?

Cliente (como SE) ¡Impactada! Algo de respeto.

El trabajo continúa...

b) División del Self-vs-Self

Cliente: (SE poniendo las manos con las palmas hacia arriba al Crítico) Tienes que creerme.

Terapeuta: Pon atención en tus manos.

Cliente: (mira sus manos) (no dice nada)

Terapeuta: ¿Qué están diciendo tus manos o qué están haciéndole a esa parte tuya?

Cliente: (como SE) No estoy seguro (pausa). Suplicándole, yo creo.

Terapeuta: Suplícale un poco más.

El trabajo continúa...

c) División del Self-vs-Otro

Cliente: (como "jefe") Necesito que te quedes y hagas este reporte. Necesita estar listo en la mañana.

Terapeuta: Cambia de lugar. ¿Qué te sucede cuando ella dice eso?

Cliente: (como SE al terapeuta) Me siento usado -acosado-. Hay otras personas que podrían hacerlo. Siempre me está acosando.

Terapeuta: (redirige el diálogo del cliente a su "jefe") ¿Qué quieres decirle a ella?

Cliente: (como SE a su "jefe") No puedo quedarme esta noche. Tengo un compromiso.

Terapeuta: Cambia de lugar.

Cliente: (como "jefe" en tono cortante) ¡Mira! Esto es realmente importante. ¡Lo necesito!

Terapeuta: Cambia de lugar. ¿Qué sucede ahora?

Cliente: (como SE al terapeuta) Necesito defenderme.

Terapeuta: (redirige el diálogo del cliente al "jefe") Dile de nuevo.

Cliente: (como SE, firme y directamente al "jefe") No me puedo quedar esta noche. Tengo un compromiso.

Cliente: (como "jefe", enojado, pero cediendo) Supongo que el reporte podría estar a las 11 am. Llega temprano mañana.

(el cliente espontáneamente cambia de lugar al de SE)

Cliente: (como SE) (silencio)

Terapeuta: ¿Qué te está sucediendo en este momento?

Cliente: (como SE al terapeuta) Estaba pensando que no tengo ninguna intención de llegar temprano mañana.

El trabajo continúa...

Exageración

El propósito de la exageración es magnificar el significado de las palabras y de los comportamientos para que el cliente adquiera una experiencia o una visión distinta de la habitual. Exagerar las palabras y las conductas puede añadir información nueva que propicie nuevas percepciones de los viejos eventos y situaciones. Además, exagerar involucra al cuerpo, lo cual añade experiencia no verbal a la expresión verbal.

Ejemplos:

a) División del Self-vs-Otro

Cliente: (como "colega") En verdad, Jane. No pensé que te generaría un problema. Yo me encargo.

Cliente: (como SE , hablando sin pensarlo al terapeuta) (cambia rápidamente al lugar de SE)

¡Caramba! Simplemente lo odio cuando hace eso.

Terapeuta: ¿Qué es lo que hace que odias tanto?

Cliente: (agitado como SE) No lo sé (pausa). No lo sé. Sólo me afecta cuando hace eso.

Terapeuta: (redirigiendo al cliente) Vuelve aquí y sé tu "colega". Haz lo que él hace y exagéralo. Hazlo más de lo que él lo hace. Simplemente inventa qué decir.

Cliente: (como "colega" se vuelve arrogante y condescendiente) No tienes lo que se necesita, Jane. No estás a la altura para nada. Sé mucho más que tú y puedo hacer las cosas mucho mejor que tú. Tú nunca la harás aquí. Yo obtendré los mejores puestos.

Terapeuta: Mientras haces esto, ¿cuál es tu experiencia al ser él?

Cliente: (como "colega") Me siento mejor que ella. Tengo mucho más a mi favor. Algo arrogante.

Terapeuta: ¿Esto te recuerda a alguien?

Cliente: ¡Por supuesto! (ríe) Había una chica en el bachillerato -Gina- ella hacía lo mismo. Su familia era rica, y ella pensaba que era mucho mejor que los demás.

Terapeuta: (cambia al conflicto del Self-vs-Otro) Toma un momento para experimentar la sensación de ser Gina (pausa). Ahora, sé Gina y habla contigo.

El trabajo continúa...

b) División del Self-vs-Self: Uso de frases incompletas

Los clientes suelen tener fantasías que se manifiestan en temores. Casi siempre son conscientes de una parte de la fantasía, mientras el resto permanece fuera de su conciencia. La parte enterrada de la fantasía suele ser catastrófica o irreal. Al usar frases incompletas, el terapeuta puede ayudar al cliente a exagerar su temor hasta el extremo más trágico. La parte lógica de la persona siempre ha sabido que esto no era cierto, pero la parte intuitiva sensorial del cerebro, con base en las experiencias, ha desarrollado esta creencia irracional. Esta nueva conciencia provoca un cambio.

Cliente: (como Crítico al SE) Si no te pones lista, perderás tu trabajo.

Terapeuta: (dándole al Crítico una frase incompleta) Y si pierdes tu trabajo, entonces...

Cliente: (como Crítico al SE) Si pierdes tu trabajo, podrías no conseguir otro.

Terapeuta: (al Crítico) Y si no consigues otro...

Cliente: (como Crítico) Si no consigues otro, no podrás pagar la hipoteca.

Terapeuta: (al Crítico) Si no pagas la hipoteca...

Cliente: (como Crítico) Entonces perderás tu casa.

Terapeuta: (al Crítico) Si pierdes tu casa...

Cliente: (como Crítico) Si pierdes tu casa, terminarás como indigente...

Terapeuta: (al Crítico) Si terminas como indigente...

Cliente: (como Crítico al Terapeuta) No lo sé. Es a lo más que llego -que terminaré en las calles-.

Terapeuta: (al Crítico) Te estoy pidiendo que lleves esta fantasía más lejos que de costumbre. Si terminas como indigente...

Cliente: (como Crítico al SE) ¡Morirás! (silencio) (pausa) Bueno, eso nunca pasará. Sé que nunca terminaré en las calles.

Terapeuta: (al Crítico) Entonces, cuando esa parte tuya (SE) hace algo que te preocupa, la asustas con quedar pobre..

Cliente: (como Crítico) Así es. Incluso cuando escucho algo, como que los bancos aumentarán las tasas de interés, me entra el pánico, y me voy contra ella.

Terapeuta: (al Crítico) ¿Qué quisieras decirle a ella ahora?

El trabajo continúa...

Intensificación

La función de la intensificación es crear una experiencia dramática para el cliente, para que pueda ver, escuchar, experimentar o sentir de nuevas maneras. Intensificar las experiencias ayuda a que los clientes rompan sus defensas, como la insensibilidad, al agudizar las sensaciones, llegar a sentimientos subyacentes, y traer el conflicto interno a un primer plano.

Ejemplos:

a) División del Self-vs-Self: Uso de apoyos.

Cliente: (como Crítico) Mentiroso. Hablabas por teléfono con esa persona como si supieras de qué se trata el trabajo. No te va a contratar. ¿Quién te crees que eres?

Terapeuta: Cambia de lugar.

Cliente: (como SE) Dios mío. Tienes razón. Lo que él decía acerca del trabajo me superaba.

Terapeuta: (al SE) ¿Qué tanto de ti está de acuerdo con tu Crítico?

Cliente: (como SE) ¡Todo yo!

Terapeuta: (al SE) ¿Existe una mínima parte tuya que no esté de acuerdo?

Cliente: (como SE) Bueno, (pausa) supongo.

Terapeuta: (tomando un juego de búhos de madera huecos de distintos tamaños, que están contenidos unos dentro de otros; los separa y los alinea del más grande al más pequeño.)

Terapeuta: (al SE) Elige uno de éstos que represente de qué tamaño estás ahora, y colócalo en la silla en la que estabas sentado.

Cliente: (como SE) (elige el segundo búho más pequeño y lo coloca en la silla)

Terapeuta: Ahora ven para acá y sé el Crítico de nuevo. Sólo que ahora eres mucho más grande, así que levántate y háblale a la pequeña parte tuya que está allá.

Cliente: (como Crítico) ¿Quién te crees que eres para estar solicitando trabajos como éste? Nadie te va a contratar. Sólo has trabajado para tu papi. Tu papi influyente es la única razón por la cual has tenido un trabajo en el que te pagan tan bien.

Terapeuta: (al Crítico) ¿Cómo se siente esta parte tuya?

Cliente: (como Crítico) Bien. (pausa) Fuerte. Fornido. Con razón.

Terapeuta: Cambien de lugares. Sé esta pequeña parte tuya. Ahora que escuchas a tu Crítico, ¿de qué tamaño estás?

Cliente: (SE) Aún más pequeño. Mucho más pequeño.

Terapeuta: (quita la silla del camino) Toma un búho más pequeño y colócalo en el piso.

Cliente: (como SE) (toma el búho más pequeño y lo coloca en el piso)

Terapeuta: (al Crítico) Regresa para acá y sé tu Crítico. Párate en la silla. Ahora, mira hacia el piso y observa esa pequeña parte de ti mismo. Siente lo grande que eres. ¿Cómo te percibes ahora?

Cliente: (como Crítico al terapeuta) ¡Monstruoso! Enorme. ¡Poderoso! Pero cuando miro hacia abajo a esa pequeña parte de mí mismo, ya no me siento tan bien.

Terapeuta: ¿Qué quisieras decirle a esa pequeña parte de ti mismo?

Cliente: (como Crítico espontáneamente se baja de la silla) Ya no quiero hacerte esto. No me siento bien haciéndote esto.

El trabajo continúa...

b) División del Self-vs-Otro

Cliente: (como "madre" al SE) Eres un caso perdido. Nunca lograrás nada.

Terapeuta: (al SE) Cambia de lugar. ¿Qué te sucede cuando escuchas eso?

Cliente: (al terapeuta) Siento ganas de patearla.

Terapeuta: (toma un cojín largo) Aquí tienes. Deja que tu cuerpo haga lo que quiera hacer.

Cliente: (como SE) (patea el cojín)

Terapeuta: (al SE) Más fuerte. Con ganas.

Cliente: (como SE) (patea más fuerte)

Terapeuta: (espera a que el cliente se detenga) ¿Qué sucede en tu cuerpo?

Cliente: (como SE) Mi corazón está latiendo con fuerza. Mi pie hormiguea. ¡Se sintió bien!

Terapeuta: (al SE) ¿Quieres decirle algo a tu "madre"?

Cliente: (como SE) No. (pausa) No en este momento. Siento que expresé lo que necesitaba.

El Trabajo con Dos-Tús termina.

La sesión continúa con discusión acerca del insight.

(Figura 2: Tengo mucho material de apoyo en mi consultorio. A menudo le pido a los clientes que elijan un material de apoyo que represente a su SE en el trabajo, en donde el SE cambie de tamaño. Uno de los favoritos es un juego de cinco búhos huecos de distintos tamaños, que están contenidos unos dentro de otros. A medida que el trabajo progresa, les pido a los clientes que cambien el tamaño del búho conforme se vayan sintiendo más pequeños o más grandes. Me gustan de manera particular los búhos porque no tienen género y simbolizan la sabiduría.)

Representación

La función de la representación es cambiar de hablar acerca de un asunto, a trabajar con él. También crea una experiencia dramática para el cliente para que pueda ver, escuchar, experimentar o sentir de nuevas maneras. La representación utiliza el psicodrama para intensificar la dinámica entre las dos partes del self.

Ejemplos:

a) División del Self-vs-Cosa

Cliente: (como ella misma pretendiendo que camina en la playa) [En una pesadilla recurrente] Estoy sólo caminando, disfrutando el sol, los pájaros, la brisa del mar (pausa). Entonces, la siento venir -la ola venir-.

Terapeuta: Ven para acá y sé la ola. Hazte grande y ve hacia ti mientras caminas por la playa.

Cliente: (finge ser la inesperada ola que la alcanza en la playa) Aquí vengo. (pausa) No puedes detenerme.

Cliente: (como "ola" alcanza a comprender) ¡Ay, Dios mío! ¡Es mi padre! ¡Es mi padre absorbiéndome! No sabía que era él.

El trabajo continúa...

b) División del Self-vs-Otro

Cliente: (pesadilla: como él mismo siendo acorralado por la "policía") (arrinconado contra la pared en la esquina de la habitación)

Terapeuta: ¿Cómo se siente eso -en el rincón-?

Cliente: (como él mismo agachándose en el piso) ¡Horrible! ¡Simplemente espantoso! No tengo adónde ir. Estoy vencido. ¡Atrapado!

Terapeuta: Ahora sé uno de los oficiales de la policía, persiguiéndote y acorralándote en la pesadilla.

Cliente: (como oficial de policía finge perseguirse hasta la esquina del consultorio) (tiene un insight importante) ¡No puedo creerlo! Esto es lo que me hago. No me dejo en paz. No me había dado cuenta de que soy yo quien no me dejo.

El Trabajo con Dos-Tús termina

La sesión continúa con la discusión acerca del insight.

La mayor parte del Trabajo con Dos-Tús requiere de una combinación de habilidades: repetición, exageración, intensificación y representación. Usar una "bataca"[7] (un periódico enrollado y pegado con cinta adhesiva extra-fuerte) para golpear la silla, es representación; pegarle muchas veces, es repetición; pegarle más fuerte, es intensificación. Con un cliente que teme ser arrogante, llevarlo a que sea arrogante, es representación; pedirle que sea más arrogante, es exageración e intensificación; y pedirle que lo haga más veces, es repetición.

---

7   N. del T. Se utiliza ese término (bataca) en el texto original. Las comillas son del traductor.

(Figura 3: Usualmente, el Crítico (C) se vuelve más grande en tamaño que el Self Experiencial (SE). Pedirle al cliente que elija un material de apoyo que represente al SE mucho más pequeño le ayuda al cliente a darse cuenta, visual y experimentalmente, cómo su energía está dividida en contra de sí misma.

Mediante la intensificación, el Crítico empieza a apropiarse de su propio poder a medida que lo experimenta más y más. Una vez que el C se apropia de su poder tiene posibilidad de elegir -puede usar el poder positiva o negativamente, constructiva o destructivamente-.)

Trabajando con el enojo y la ira

Cuando las personas se enojan con otras, es natural tener el impulso de pelear o de defenderse físicamente. Aprendemos a muy temprana edad que, la mayoría de las veces, no está bien pasar a la violencia física con otros. Contener los impulsos es una división del Self-vs-Self.

En la infancia, algunos padres golpean, jalan el cabello, pellizcan, abofetean, patean, dan nalgadas o lastiman de alguna otra manera a sus hijos en el plano físico. La mayoría de los niños tiende a reaccionar al abuso respondiendo físicamente, hasta que aprenden que el abuso empeora si lo hacen. Entonces, aprenden a bloquear sus impulsos y a suprimir su enojo y su ira, creando divisiones del Self-vs-Self. A medida que el niño crece, su habilidad para controlar sus impulsos aumenta.

El enojo tiene energía. El enojo hacia una persona es energía que sale del self. Cuando es bloqueada, se genera tensión en el cuerpo y en la mente. Esta tensión es a menudo liberada en forma segura a través de actividades como el deporte (béisbol, fútbol, tenis, artes marciales), y de otras actividades, como martilleo, cortar madera, restregar, golpear un tapete que cuelga de un barandal, azotar bolsas de frijol en el piso, tirar dardos en un blanco, etc. Correr y andar en bicicleta son formas excelentes de consumir la adrenalina, pero no permiten liberar los impulsos contenidos.

Si la energía del enojo no es liberada, puede volverse contra el self, como cuando uno se "da una paliza", se hace sentir mal, castiga al self, se hace sentir culpable, se muerde las uñas, menosprecia al self, etc. Cuando la energía del enojo no liberado se acumula en el tiempo, puede, eventualmente, estallar en explosiones y violencia, pues los impulsos llegan a ser más fuertes que la capacidad de contenerlos o de desviarlos. O, el cúmulo de energía llega a hacer implosión en el cuerpo, provocando enfermedades físcas o emocionales. La depresión es un síntoma frecuente de enojo reprimido.

Parte del Trabajo con Dos-Tús consiste en encontrar maneras de permitir que los impulsos tengan una expresión saludable, constructiva, que no lastime al self o a los demás, y que no perjudique nada de valor.

Durante el trabajo, el terapeuta educa al cliente sobre la fisiología del enojo y sobre cómo trabaja su cuerpo. Modela la expresión apropiada y segura del enojo. Le enseña a prestar atención a su cuerpo y a dejar que lo que experimenta guíe su conducta. Le da permiso al cliente de cuidar de sí mismo, teniendo en cuenta a los demás. El concepto experimentación le muestra al cliente cómo encontrar nuevas opciones de conductas que reemplacen las anteriores y, en el proceso, nadie se lastima, ni se daña nada. Todo esto le proporciona al cliente una nueva manera de lidiar con el enojo/ira que es constructiva y productiva y, sobre todo, sana.

Ejemplo:

Una división del Self-vs-Otro que evoluciona hasta permitir que el Self Experiencial exprese de forma segura su ira.

En este trabajo, el cliente se encuentra enfurecido con su padre abusivo y detiene su impulso de expresar su enojo hacia su padre por sus experiencias pasadas en las que el abuso iba en aumento.

Cliente: (como "padre") Eres una pérdida de mi tiempo. Eres un perdedor, tal como tu hermano.

Terapeuta: Cambia de lugar.

Terapeuta: (al SE) Estás temblando.

Cliente: (al terapeuta) Sí. Estoy tan enojado. Intento con todas mis fuerzas que se sienta orgulloso de mí, pero nunca es suficiente. Pero no puedo hacer ni decir nada porque si no, en verdad me hará pagarlo.

Terapeuta: (hace temblar sus manos y piernas) Estás temblando porque tu cuerpo tiene mucha adrenalina adentro. La adrenalina ayuda a que tus músculos trabajen. Permítete temblar.

Cliente: (imita a la terapeuta)

Terapeuta: (haciendo temblar más las manos y las piernas) Bien. Tiembla un poco más.

Cliente: (imita a la terapeuta)

Terapeuta: ¿Qué sensaciones tienes en el cuerpo?

Cliente: Cosquilleo en las manos.

Terapeuta: Vamos a pegar un poco con la bataca.

Cliente: (se resiste) No. No podría pegarle a mi padre.

Terapeuta: Esto ya no tiene que ver con tu padre. Se trata de dejar que tu cuerpo haga lo que necesita hacer. Tus músculos necesitan moverse. (La terapeuta toma dos batacas) Vamos a probar.

Cliente: (callado, se pone de pie y toma la bataca de la terapeuta)

Terapeuta: (le pega a la silla con la bataca) Pega desde tu hombro, no desde tu codo.

Cliente: (imita a la terapeuta)

Terapeuta: ¿Alguna sensación en tu cuerpo?

Cliente: No. (pausa) Sí, mi corazón late con fuerza.

Terapeuta: Pega un poco más. Pega 20 veces esta vez. Si hay algún sonido o palabra que quieras decir o gritar, adelante.

Cliente: (pega más y con más fuerza)

Terapeuta: (mientras el cliente golpea) ¡Bien! ¡Más fuerte! ¡Pega con ganas! (Cliente pega 20 veces y entonces se detiene) ¿Sensaciones?

Cliente: Estoy empezando a sentir un cosquilleo en mi brazo. Estoy respirando más fuerte.

Terapeuta: Bien. Ahora le voy a preguntar a tu cuerpo, no a tu mente, ¿quiere tu cuerpo hacerlo más?

Cliente: (pausa) Sí. Más.

Terapeuta: Anda.

Cliente: (pega 20 veces o más) Maldito. ¡Bastardo!

Terapeuta: (mientras el cliente golpea) Bien. (pausa) Más. (pausa) De nuevo. Más fuerte (pausa). (El cliente se detiene)

Terapeuta: ¿Qué está sucediendo en tu cuerpo?

Cliente: Siento algo de alivio.

Terapeuta: ¿Dónde?

Cliente: En mi pecho. De aquí a acá (lleva su mano de un hombro al otro)

Terapeuta: De nuevo, voy a preguntarle a tu cuerpo si quiere hacerlo más.

Cliente: (hace una pausa -enfocándose en su cuerpo-) Una vez más.

Terapeuta: Adelante.

Cliente: (golpea de nuevo por más tiempo, y luego se detiene)

Terapeuta: ¿Cuerpo?

Cliente: Más alivio en mi pecho. Mucha energía en mis brazos.

Terapeuta: ¿Tu cuerpo quiere hacerlo más?

Cliente: (hace una pausa -enfocándose en su cuerpo) Tal vez. Una vez más.

Terapeuta: Estupendo.

Cliente: (golpea de nuevo por más tiempo, luego se detiene) ¡Se *siente realmente bien!*

Terapeuta: ¿Más?

Cliente: (hace una pausa) No. Estoy bien. Siento que terminé.

Terapeuta: ¿A quién has lastimado y qué has dañado?

Cliente: A nadie. Nada.

Terapeuta: Así es. Ahora, vamos a sentarnos a hablar de cómo fue para ti el haberte permitido hacer lo que tu cuerpo necesitaba hacer.

El Trabajo con Dos-Tús termina.

La sesión termina con la discusión acerca del insight.

(Figura 4: A medida que el trabajo evoluciona, el SE suele tener la sensación de hacerse pequeño y a menudo se siente como un niño. Cuando esto sucede, pido que el cliente deje de estar de pie, y que se siente en una silla normal, o en un banco. Esto facilita que el SE contacte su vulnerabilidad y a menudo evoca recuerdos de la infancia. Yo me agacho junto al SE mientras exploro su experiencia y dirijo la interacción.)

Las divisiones evolucionan

A medida que el trabajo progresa, las escisiones se revelan, cambiando de una a otra. Cuando el cliente se vuelve más consciente de sus pensamientos, sentimientos y acciones, el trabajo se profundiza, haciendo que el cliente se acerque más a sus dinámicas y vulnerabilidades esenciales.

Durante este proceso, los clientes suelen cambiar, espontáneamente, a una división distinta. Pueden de pronto evocar un recuerdo temprano, o entrar en un estado como de trance. Para profundizar el trabajo, el terapeuta puede optar por intervenir de manera que se facilite el cambio a una división distinta.

Ejemplos:

a) La división del Self-vs-Self evoluciona hacia una división del Self-vs-Otro.

El asunto: Un padre acaba de separarse de su esposa e hijo. Está conflictuado sobre si debería ver a su hijo cada día o sólo los fines de semana.

Cliente: (como la parte que quiere ver a su hijo diario) Quiero verlo diario. Estoy acostumbrado a verlo cada día. Lo extraño.

Terapeuta: Cambia de lugar. ¿Qué dice la otra parte?

Cliente: (como la parte que piensa que sería mejor para su hijo verlo menos) Pienso que sería mejor si sólo lo vieras los fines de semana. Así, no sería tan confuso para él.

Terapeuta: Regresa a este lugar. ¿Qué tiene que decir esta parte al respecto?

Cliente: (con la mirada fija en la otra parte) Dijiste que no me impedirías verlo.

Terapeuta: (nota el cambio en el cliente) ¿Pareces estar hablando con alguien?

Cliente: (sorprendido) Sí. La veo sentada ahí.

Terapeuta: ¿Quién es ella?

Cliente: Mi [ex] esposa.

Terapeuta: Continúa hablándole a ella. ¿Hay algo más que quieras decirle?

Cliente: (como él mismo) Ya hablamos de esto tú y yo. Me prometiste que no me impedirías verlo.

Terapeuta: Cambia de lugar y sé ella -¿cómo se llama?

Cliente: Melinda

Terapeuta: Sé Melinda y responde a tu esposo del cual te separaste.

El trabajo continúa...

b) La división del Self-vs-Otro evoluciona hacia un estado como-de-trance

Mark, de 32 años de edad, acudió a terapia porque era incapaz de tomar una decisión con respecto a su relación. Se encontraba en un dilema sobre si debía llevarla a otro nivel, o terminarla. Dijo que esto había ocurrido varias veces antes con distintas parejas, y que siempre había decidido terminar la relación.

En las sesiones, Mark habló sobre la muerte de su madre cuando él tenía 23 años y, aparentemente, tenía asuntos inconclusos en torno a su muerte. Sugerí que le hablara a su "madre". Durante el Trabajo con Dos-Tús, mientras hablaba con su "madre", bajó sus ojos, los mantuvo abiertos, mirando al piso. Permaneció así sin moverse como por 10 minutos. No dije nada. Esperé pacientemente. Cuando finalmente se movió, y acomodó su cuerpo, le pregunté, "¿dónde estabas?" Él respondió, "Contemplando el ataúd de mi madre." Continuó contándome cómo había ido al funeral, pero se había negado a mirar dentro del ataúd. Siguió, "finalmente me permití mirar dentro del ataúd ahora". Las lágrimas brotaron de sus ojos mientras un dolor inconcluso hacía figura. Continuamos el trabajo en torno al tema de dejar ir a su madre hasta que sintió que estaba resuelto. Poco tiempo después de este trabajo, se fue a vivir con su novia.

c) La división del Self-vs-Otro evoluciona hacia una división del Self-vs-Self, evoluciona hacia una distinta división del Self-vs-Otro

Asunto: Un hombre está teniendo problemas con su jefe en el trabajo. El trabajo empieza con una división del Self-vs-Otro, luego cambia a una división del Self-vs-Self y el terapeuta interviene, con lo cual, se termina profundizando el trabajo en una división distinta del Self-vs-Otro.

Cliente: (al "jefe") Hay un problema aquí. (pausa larga)

Terapeuta: ¿Qué sucede?

Cliente: Necesito tener cuidado aquí.

Terapeuta: (cambia a una división del Self-vs-Self) Ven acá y sé tú mismo, ya no tu jefe (pausa), y pídete tener cuidado.

Cliente: (como Crítico al SE) Ten cuidado. Si abres la boca, te van a despedir. Así que ten cuidado, mucho cuidado aquí.

Terapeuta: Cambia de lugar y responde.

Cliente: (como SE) Sí, lo sé. Lo sé.

Terapeuta: (al SE) ¿Con quién más en tu vida debes tener mucho mucho cuidado?

Cliente: (como SE a la terapeuta) Mi abuelo. Era un hombre muy poderoso en nuestra familia. Todos tenían cuidado cuando estaban con el abuelo.

Terapeuta: (inicia la división del Self-vs-Otro) Coloca a tu abuelo en algún lugar del consultorio -¿dónde lo pondrías?

Cliente: Allá, parado en la puerta.

Terapeuta: Experimenta la sensación de tener a tu abuelo ahí. ¿Qué te sucede cuando lo haces?

El trabajo continúa...

d) División del Self-vs-Otro evoluciona hacia un recuerdo temprano evoluciona hacia una distinta división del Self-vs-Otro

Asunto: Una mujer está teniendo dificultad para confiar en su esposo. El Trabajo con Dos-Tús empieza con una división del Self-vs-Otro con el esposo, evoluciona a un recuerdo temprano, y después se vuelve una división del Self-vs-Otro con su padre.

Cliente: (al "esposo") No puedo confiar en ti. Ni siquiera estoy segura de por qué -simplemente no puedo-. (de pronto, evoca un recuerdo temprano)

¡Acabo de recordar! Fui invitada a ir en lancha con nuestros vecinos.

Terapeuta: ¿Qué edad tenías?

Cliente: Como cuatro. Pero sabía que tenía que pedirle permiso a mi mamá o a mi papá, así que corrí a la casa y encontré a mi papá ahí. Dudó y le dio vueltas al asunto, hasta que finalmente dijo que sí. Así que corrí de vuelta a la lancha. ¡Se habían ido sin mí! (pausa) Estaba devastada. Recuerdo haber pensado que nunca volvería a confiar en mi padre.

Terapeuta: (cambia a una división distinta del Self-vs-Otro) Trae a tu padre a este cuarto. Experimenta la sensación de tenerlo aquí. ¿Dónde está?

Cliente: Sentado en el escritorio de ahí.

Terapeuta: ¿Qué te sucede al tener la sensación de que está ahí?

El trabajo continúa...

Propiciar los cambios de una división a otra, lleva el trabajo a un nivel más profundo, intensificando la interacción entre las dos partes del self. A medida que los terapeutas adquieren más experiencia en reconocer y facilitar los cambios de una división a otra, pueden llegar más rápidamente a los asuntos esenciales.

Resumen

Este capítulo proporcionó a los terapeutas más herramientas para aumentar la intensidad de la interacción entre el Crítico y el Self Experiencial. Los terapeutas son capaces de traer a la conciencia del cliente las fuerzas que encabezan la lucha al hacer preguntas sobre lo que cada parte hace y cómo lo está haciendo, la actitud de cada parte hacia la otra, y el impacto experimentado por la conducta de la otra parte. Este capítulo demostró a los terapeutas cómo pueden aumentar la intensidad al involucrar físicamente al cliente en el trabajo, utilizando las habilidades de representación, repetición, exageración e intensificación. La expresión verbal y no verbal ayuda a que los clientes contacten y acepten como propios sus pensamientos, creencias, sentimientos y comportamientos, lo cual propicia el cambio.

Capítulo Siete

El trabajo en la etapa del Impasse

De todos los cambios que podemos lograr, los más significativos y de mayor alcance, son los cambios hacia el interior. Son también a los que nos resistimos más. ¿Estamos dispuestos a soltar todo lo que somos por todo aquello que podríamos ser?
- Cindy Roskamp

En el Trabajo con Dos-Tús llega un momento en que las fuerzas que impulsan el cambio son bloqueadas por las fuerzas que intentan mantener el statu quo. Esto se conoce como Impasse. Este capítulo explora a profundidad el proceso de trabajo durante la etapa del Impasse, y explica las fuerzas con las cuales lidia el cliente, que le hacen ir y venir entre el estancamiento y el avance. Los terapeutas son guiados con respecto a cómo trabajar con las vulnerabilidades más profundas a medida que se hacen presentes en el proceso. Enseña a los terapeutas cómo estar con los clientes durante este trabajo y proporciona intervenciones específicas para manejar los desafíos que suelen presentarse.

El Logro

Lo ideal es que el Crítico se suavice por sí mismo a lo largo del trabajo. En el transcurso del trabajo el Crítico empieza a tomar en serio los deseos y necesidades del Self Experiencial. El Crítico es capaz de mostrar su cuidado mediante la compasión o la preocupación por el bienestar del Self Experiencial. El Self Experiencial obtiene mayor y mayor conciencia del self, y aprende, con el apoyo del terapeuta, a expresarse en una forma que tiene lógica para el Crítico. El Self Experiencial es capaz de realizarse una vez que el Crítico considera válidos sus deseos y necesidades. El Crítico se da cuenta de que aún puede ser importante en la vida del Self Experiencial al cambiar su estilo de crítico a apoyador. El Self Experiencial finalmente se siente cuidado por el Crítico. Con la apertura del Crítico, el Self Experiencial es capaz de contactar sus recursos internos. Cada parte modifica su modo de ser con el otro. Todos estos cambios facilitan la integración de dos aspectos del self; éstos se fusionan en un todo unificado. La energía que se empleaba al enfrentar al self-contra-el-self es liberada y queda ahora

disponible para que el cliente actúe en el mundo.

El punto del Impasse

El Punto del Impasse se presenta en el momento en que los aspectos del self quedan estancados. El Crítico no se suavizará. El Self Experiencial no se rendirá ni se dará por vencido, sin embargo, no ha logrado aún tener acceso a sus recursos no utilizados. El Crítico se resiste al cambio; carece de empatía y

> *El tiempo que lleva cruzar el impasse puede ser tan breve como unos cuantos segundos, o tomar años.*

no quiere ceder el poder. No puede imaginarse siendo distinto. El Crítico continúa abusando, menospreciando, criticando, humillando, presionando y denigrando al Self Experiencial. El Crítico justifica su comportamiento al tener una buena intención -proteger y motivar-. Sin embargo, la forma en que trata de proteger y motivar es, de hecho, contraproducente, incluso dañina. El Self Experiencial no es lo suficientemente fuerte como para defenderse de la negatividad del Crítico. Parece no haber solución a las diferencias entre ellos. Para lograr avanzar, tanto el Crítico como el Self Experiencial necesitan cambiar. Así como el agua se forma a partir de la síntesis de hidrógeno y oxígeno, un nuevo sentido del self se forma a partir de la síntesis del Crítico y el Self Experiencial. Nadie puede hacer esto por el cliente; sólo la mente del cliente puede hacer esto posible. El terapeuta puede facilitar la síntesis al intensificar la interacción entre las partes del self, pero no puede hacer que se dé la síntesis.

Pedaleando a través del Impasse hacia el logro

El Punto del Impasse se presenta en repetidas ocasiones en el trabajo. Durante el impasse, el cliente experimenta sentimientos de desesperanza, impotencia, derrota y resignación. Las sensaciones de esos sentimientos resultan intolerables para el cliente, por lo que los deflecta re-enganchándose en el conflicto una y otra vez. El cliente rápidamente retrocederá a un lado del conflicto o a otro, prefiriendo luchar, que permanecer estancado; prefiriendo sentir enojo, que sentir desesperación y desesperanza. Esto a menudo funciona. El logro ocurre cuando el Crítico finalmente siente empatía por el Self Experiencial y el Self Experiencial finalmente utiliza recursos ocultos. Los dos "selves" se funden e integran, trascendiendo ambas partes del conflicto. Si no, el trabajo regresa al impasse. Eventualmente, el cliente llega a aceptar que no puede seguir evitando sentimientos -que tiene que enfrentarlos para trascenderlos-.

Ejemplo:

En este ejemplo, el cliente ha trabajado con el impasse muchas veces antes. Cada vez, el Crítico ha evolucionado en su severo e inflexible padre. En este ejemplo, su padre finalmente se suaviza.

Cliente: (como Crítico) Necesitas un trabajo. Sabes hacer este trabajo. Lo has estado haciendo durante años. Retómalo y continúa. Esta licencia por estrés es ridícula. No hay nada malo contigo, simplemente necesitas regresar al trabajo.

Cliente: (como SE) Odio ese trabajo. Nunca me ha gustado. Es aburrido y es cada vez más difícil hacerlo.

Terapeuta: Cambia de lugar y responde.

Cliente: (como Crítico) Si no te quejaras, gimieras y lloriquearas todo el tiempo, estarías bien. Siempre estás encontrando excusas de por qué no deberías hacerlo. Regresa a trabajar y deja de perder el tiempo. Piensa en todo el dinero que estás perdiendo al quedarte sentado en tu trasero. Sólo estás aprovechándote del sistema.

Terapeuta: Cambia de lugar. ¿Cómo se siente escuchar eso?

Cliente: (como SE) (suspiro) Es horrible. Odio estar sin trabajo. Él simplemente no me escucha -no escucha mi lado-.

Terapeuta: (al SE) Dile eso.

Cliente: (como SE) Escúchame. No me estás escuchando.

Terapeuta: (al SE) Regresa y responde.

Terapeuta: (al Crítico) Dile a esa parte de ti mismo qué es lo que tratas de hacerle.

Cliente: (como Crítico) Mira, estoy tratando de ayudarte. Estoy tratando de ponerte en marcha y hacer que regreses al trabajo. Te sentirás mejor si simplemente vuelves al trabajo.

Cliente: (como SE, muy angustiado) Pero me estás enfermando. Si regreso al trabajo, me enfermaré más. ¡No puedo seguir en ese trabajo! Estoy exhausto, y simplemente no puedo hacerlo más.

Terapeuta: Regresa y responde a eso.

Cliente: (como Crítico) No me compro esa mierda del estrés. Eres sólo un debilucho.

Terapeuta: Vuelve a la otra posición. Ahí está de nuevo. Sigue diciendo lo mismo una y otra vez. ¿Cómo es para ti enfrentar ese criticismo constantemente?

Cliente: (como SE) Es inútil. No llego a ningún lado. Podría simplemente darme por vencido. Sé que simplemente ya no puedo hacer ese trabajo. No puedo regresar allá. (Llora)

Cliente: (como Crítico, con miedo por el SE) ¡Caray! (pausa) Veo que lo dices en serio. No me daba cuenta de qué tan malo era. Pero, ¿qué harás?, ¿De qué vivirás?, ¿Cómo vivirás?.

Terapeuta: Regresa al lugar del Self Experiencial. Algo ha pasado. ¿Lo notas? El Crítico ha cambiado.

Cliente: (como SE) Sí. Finalmente. Finalmente me escuchaste. Pero no confío en ti. Seguramente volverás a apalearme.

Terapeuta: Cambia de lugar.

Terapeuta: (al Crítico) ¿Qué quisieras responder ante eso?

Cliente: (como Crítico al SE) Bueno, puedo ver por qué no confías en mí -siempre vuelvo a estar encima de ti-. Pero es sólo que no sé cómo ser de otro modo. Realmente me preocupa que terminemos con asistencia social o en las calles.

Terapeuta: (al SE) Cambia de lugar. Él dice que no sabe ser distinto. ¿Qué le quisieras decir al respecto?

Cliente: (como SE al Crítico) Para empezar, puedes retroceder, calmarte, y dejarme en paz. ¡Dame un respiro!

Terapeuta: (al Crítico) Cambia de lugar. ¿Y bien? ¿Puedes hacerlo? ¿Puedes bajarle un poco? Habla con él de eso.

El trabajo continúa...

Ahora que el Crítico se ha suavizado hasta preocuparse por el Self Experiencial, ambos pueden trabajar en conjunto para encontrar una nueva manera de ser con el otro.

Trabajar con las defensas del cliente

La gente desarrolla defensas por una razón. Respeto y honro cualquier defensa que la gente haya desarrollado. A algunas personas les toma más tiempo cambiar que a otras. Respeto el tiempo y el paso que le lleva a cada uno cambiar. Al construir nuevas maneras de cuidar, proteger y motivar al propio self, los clientes pueden accesar gradualmente a sus propios recursos. Dejarán de lado las viejas defensas cuando estén listos.

Una de las defensas que escucho con más frecuencia, es que han creado un muro debido a sus experiencias pasadas. El muro es una metáfora para describir la forma en que se protegen psicológicamente de situaciones y de los demás. Es una división del Self-vs-el-Self. El problema con los muros es que una persona puede volverse prisionero de sus propios muros. Les digo a los clientes que no quiero derrumbar sus muros porque los crearon por alguna razón. Les pido que "pongan puertas y ventanas en sus muros" para que puedan empezar a conectarse con otros mientras conservan su protección. Si necesitan refugiarse atrás de los muros, cerrando las puertas y poniendo barricadas en las ventanas, pueden hacerlo. Cuando descubren que ciertas circunstancias y ciertas personas son seguras, pueden abrir las ventanas y las puertas más ampliamente, incluso tal vez aventurarse a salir de los muros, sabiendo que pueden regresar siempre que quieran.

Tiempos

Honra las defensas de tus clientes; trabaja con ellas, no en contra de ellas.

Atravesar el impasse puede tomar desde unos pocos segundos, hasta años. El terapeuta facilita la síntesis al enfocarse en cada parte -el Crítico y el Self Experiencial-. De manera ideal, el cambio precipita el surgimiento del nuevo self sin que el terapeuta haga nada más. Sin embargo, los Críticos de hueso colorado, y los Selves Experienciales muy vulnerables, a menudo requieren ayuda. El terapeuta puede ayudar abogando por el Self Experiencial, bloqueando al Crítico abusivo, y apoyando al Self Experiencial (ver el apartado de "pedaleando hacia el logro a través del impasse" de este capítulo).

Tarea

Les indico a mis clientes que "jueguen" en vez de que "trabajen" en la tarea. A menudo, no se requiere ninguna tarea porque la persona puede avanzar ahí en la sesión, y alcanzar la Integración. La tarea que se deja después del logro incluye indicaciones para experimentar con nuevas conductas que permitan consolidar el cambio. Cuando el riesgo que implica el

> *Las personas tienden a cambiar cuando es mucho lo que está en juego. Cuando la angustia es intensa, los sentimientos son intolerables, y las consecuencias nefastas, la motivación para cambiar es fuerte..*

cambio es alto, y el conflicto es a largo plazo, avanzar a través del impasse puede llevar muchas sesiones. Dejar tarea puede ayudar.

Más de lo mismo

Janie era demasiado responsable. Como resultado, ella hacía todo, tanto dentro, como fuera de la casa, y estaba resentida por ello. Era consciente de que mientras más funcionara de más, menos funcionarían su esposo e hijos, sin embargo, no podía parar. Las relaciones con su esposo e hijos estaban padeciendo. De tarea, le pedí que fuera aún más responsable dentro y en torno al hogar. Me dijo que no creía que fuera posible hacerlo porque ya era demasiado responsable. Reconocí que lo que ella decía era probablemente cierto. Le dije que aún así, intentara ser más responsable más a menudo, y que lo hiciera deliberadamente en vez de mecánicamente, con plena conciencia, en vez de hacerlo de forma automática.

Cuando regresó a la siguiente sesión, me dijo que había logrado un avance importante. Los primeros dos días, se enfocó en ser sobre-responsable. Al tercer día, dijo que estaba recogiendo del piso la ropa para lavar, cuando tuvo esta fuerte determinación de ya no querer ser así. Después de eso, era aún responsable, sin embargo, capaz de soltar. Esto era realmente nuevo para ella.

La tarea en el Punto del Impasse ayuda a mantener la presión. Las indicaciones dadas al cliente para que experimente con el Crítico, pueden ayudar al Crítico a que se apropie o se dé cuenta de su propio poder. Las indicaciones dadas al cliente para que experimente con el Self Experiencial, pueden ayudar al Self Experiencial a tener acceso a sus propios recursos.

Resistencia

Perder citas deliberadamente u olvidarlas puede ser una señal de resistencia. Cuando el cliente prevé que enfrentará dolor, vergüenza, humillación o algún otro sentimiento difícil, a menudo vacila para ir a su sesión. Esto puede ser consciente o no. La disposición es un factor para aceptar lo que previamente era inaceptable; puede ser que se requiera más tiempo para asimilar. Cuando este problema surge, el terapeuta puede explorar con el cliente.

Ejemplos:

a) Cliente: (se da cuenta) Cancelé la sesión pasada porque simplemente no podía enfrentar el dolor.

b) Cliente: (sin conciencia) Estaba muy ocupado y no pude venir a la sesión pasada. Surgió algo en el trabajo.

c) Cliente: (se da cuenta) Casi no vengo hoy, porque sabía de lo que íbamos a hablar.

d) Cliente: (se da cuenta) No hubiera venido hoy, si no fuera porque me habrían cobrado la sesión de cualquier modo.

A menudo, no hay nada que tenga que hacer el terapeuta más que hablar de la resistencia con el cliente. Yo invito al cliente a que me hable desde la parte que no quería venir, o trabajo con ella desde la división Self-vs-Self. A veces sugiero al cliente que dé pisotones o que azote algunas pelotas de semillas al piso, lo cual constituye otra manera de convertir la resistencia en acción. La resistencia se disipa a medida que el cliente se permite a sí mismo expresar su resistencia por completo. La energía del cliente se alinea de nuevo.

La importancia de la alianza terapéutica

A menudo, los clientes han expresado sus sentimientos más profundos a familiares y amigos sólo para verlos alejarse después. Los clientes también tienen miedo, en ocasiones, de que lo que digan o hagan pueda ser usado en su contra en un futuro. La familia y los amigos encuentran doloroso ver a sus seres queridos sufriendo. Suelen no saber cómo lidiar con el dolor -con el propio o el de los demás- por lo que deflectan, minimizan o lo evaden. Con un terapeuta, el cliente no tiene que estar preocupado por los demás. Al saber que lo que diga y sienta tendrá carácter confidencial, el cliente es capaz de enfocarse en él mismo; puede profundizar más en sus propios asuntos.

El terapeuta crea un ambiente seguro al brindar un contenedor emocional para los sentimientos intensos del cliente. Cuando los niños tienen sentimientos intensos, sus padres pueden proporcionar un contenedor para ellos al abrazarlos mientras ellos viven sus sentimientos al máximo. En terapia, aunque el terapeuta no pueda abrazar físicamente al cliente, puede sostenerlo emocionalmente con su voz, su tono, sus palabras, su lenguaje corporal, su actitud y su conexión. Esto permite que el cliente se sienta lo suficientemente seguro como para vivir sus sentimientos al máximo, sin miedo a perder el control, hacer implosión o desintegrarse. Las personas a menudo juzgan como debilidad la expresión de sentimientos profundos e intensos, pero lo cierto es lo contrario. Se requiere de mucho valor para tolerar y expresar sentimientos dolorosos. El terapeuta brinda consuelo, apoyo y empatía. El terapeuta comunica al cliente en la profundidad de su dolor, que no está solo.

Durante el impasse, la relación entre el terapeuta y el cliente es aún más importante, pues el cliente es vulnerable durante este proceso. Se necesita mucho valor para que el cliente enfrente esta batalla dentro de sí, y que lidie con los sentimientos que surjan. Los clientes se llegan a asustar mucho, incluso a aterrarse. Por lo general, el cliente enfrenta esta batalla solo, porque nadie más sabe en realidad lo que él está viviendo. Él deflecta sus sentimientos porque cree que no puede tolerar o lidiar con las emociones intensas. Durante este proceso, es muy útil que el cliente cuente con un terapeuta, presenciando la batalla, guiando el proceso, profundizando la exploración, y apoyando cada parte. Con el terapeuta presente, el cliente no estará solo enfrentando sus sentimientos, tal vez por primera vez en su vida. En el terapeuta, encuentra a alguien con quién compartir, alguien que le confirme que está cuerdo, que no se desintegrará, y que lo que está experimentando, de acuerdo con el contexto, es normal y que es benéfico para él enfrentarlo.

Nathan se mostraba ambivalente con respecto a la posibilidad de que su matrimonio terminara. Cuando su matrimonio en verdad termina, se encuentra devastado. También se da cuenta de que lo que él veía como amor, es en realidad dependencia. Su familia y amigos han sido un gran apoyo, pero ahora evaden su manifestación de dolor. Cuando ellos hacen esto, él siente incluso más dolor, así que trata de impedir que se alejen confortándolos y asegurándoles que estará bien. Cuidar a los demás cuando él está viviendo tanto dolor y angustia, es tan difícil, que aprende a guardarse su dolor. Esto evita que pueda procesar su dolor y su pena. Con el terapeuta, Nathan no tiene que preocuparse por causar angustia a sus familiares y amigos.

Puede expresar completamente sus sentimientos, sabiendo que el terapeuta puede lidiar con la expresión profunda.

Lidiando con sentimientos intensos

> *Busca supervisión cuando estés aprendiendo el Trabajo con Dos-Tús.*

Los terapeutas necesitan ser capaces de manejar los sentimientos profundos e intensos de sus clientes. Para ayudar a que los clientes procesen la emoción, los terapeutas necesitan animarlos a que accedan y expresen sus sentimientos por completo.

A través del proceso del Trabajo con Dos-Tús, el cliente puede de pronto quedar inmerso en sentimientos intensos. A menudo, vuelven recuerdos traumáticos tempranos, o aparecen imágenes de pesadillas o accidentes. Un terapeuta necesita estar preparado para ello.

Puede suceder, y de hecho, sucede, que el terapeuta se asuste o se abrume. Al inicio de su formación, los terapeutas pueden no tener experiencia para sumergirse en las emociones profundas. Asimismo, los terapeutas pueden no haber experimentado todo lo que los clientes les presentan. Si el terapeuta se asusta, no debe dejar que el cliente lo sepa. Esta es una de las ocasiones en las que, por el bien del paciente, no conviene que el terapeuta sea genuino. Cuando los padres responsables se asustan por algo que les sucede a sus hijos, pero intentan no transmitir su miedo o cargar a sus hijos con sus preocupaciones; cuando esto sucede, los padres expresan sus preocupaciones y sus sentimientos entre ellos. Puede ser que también busquen a otros adultos responsables y a profesionales.

Los terapeutas se benefician con la supervisión regular cuando están activos en su práctica, y al discutir sus experiencias al estar en supervisión. Después de una sesión en la que el terapeuta se haya sentido asustado, necesita buscar consulta con su supervisor o en un grupo de supervisión. La supervisión debe ser un lugar seguro en el que los terapeutas puedan hacer cualquier pregunta y abrir cualquier experiencia difícil o desconcertante. Los terapeutas necesitan comprometerse con su terapia personal por su propio beneficio y para minimizar la cantidad y el grado en el que los asuntos del cliente evoquen sus propios asuntos. Los terapeutas necesitan sentirse a gusto con los sentimientos profundos e intensos -tanto propios, como de los demás-.

(Figura 5: Para poder experimentar la sensación de un C grande y poderoso, invito al C a que se pare sobre una silla. Dirijo al C para que preste atención a lo que experimenta desde esa posición. A menudo, esta experiencia pronto genera un cambio, al ayudar a que el cliente vea cómo esta parte, el C, lastima al SE. Es otra manera de facilitar que el C se apropie de su poder. Desde mi posición, de pie sobre el piso, exploro la experiencia del C y dirijo la interacción. El C también vive la experiencia de ser más grande y poderoso que el terapeuta.

Por seguridad, ofrezco mi hombro o mi mano si el C necesita algo de estabilidad.)

El rol del terapeuta durante el impasse

El impasse es la parte más difícil del trabajo, tanto para el cliente, como para el terapeuta. Para el terapeuta, especialmente durante la etapa de aprendizaje del Trabajo con Dos-Tús, el impasse es especialmente difícil. Cuando yo estaba aprendiendo a trabajar con el impasse con los clientes, me sentía igual que ellos -atorada, sin esperanza, adolorida. Me sentía deprimida y drenada después de una sesión. Ahora, al trabajar con los clientes en el impasse, me siento positiva, sabiendo que eso es lo que necesitan hacer para avanzar. Sigo muy sensible a sus sentimientos, pero no los hago míos. Soy capaz de proporcionar una profunda sensación de empatía por lo que están soportando. Cuando el cliente se va, soy capaz de dejarlo ir sin sentimientos pesados o negativos. A veces, me siento animada por haber visto movimiento en el trabajo, aún cuando el cliente no haya avanzado.

Los terapeutas están en la profesión de ayuda porque tienen necesidad de ayudar. También necesitan sentirse competentes. Durante el impasse, los sentimientos que surgen -inútil, incompetente, impotente, desesperanzado- pueden detonar al terapeuta. Cuando esto sucede, puede sentirse tentado a acelerar el proceso. Puede impacientarse y tratar de hacer que el Crítico se suavice. Sabe lo que tiene que pasar, así que se ve tentado a manipular el impasse en un intento por detener sus propios sentimientos incómodos. Esto es especialmente cierto cuando el impasse sigue y sigue. Al tratar de manipular al Crítico, el terapeuta podría propiciar, sin querer, una lucha de poder con el cliente en torno al impasse, que sin duda tendría relación con los asuntos del cliente. La necesidad del terapeuta de sentirse competente y poderoso puede ser tan fuerte, que pueda perder perspectiva con respecto al trabajo. Es menos probable que sean evocados los propios asuntos del terapeuta si ha llevado, o lleva, proceso personal.

Crear seguridad

Durante el impasse, el terapeuta puede usar el self como instrumento al usar su propia sensación de estar atascado, para expresar y retroalimentar al cliente sobre la experiencia del propio cliente. Escuchar su experiencia expresada por otra persona, permite al cliente sentir que está cuerdo. El cliente se siente normal cuando alguien más entiende lo que está viviendo y lo expresa. El cliente a menudo siente alivio al escuchar su experiencia en palabras. Crea seguridad. Permite al cliente soltarse más, y llegar a un nivel más profundo.

Los terapeutas necesitan respetar el tiempo y el ritmo del cliente en este proceso. Existe un delicado balance en esta etapa del trabajo, entre respetar el tiempo y el ritmo del cliente permaneciendo en silencio, e intervenir poniendo en palabras la experiencia. Existe una tendencia a que el terapeuta se impaciente -a querer lograr el cambio en vez de dejar que ocurra-. Esto normalmente resulta contraproducente. Detendrá el proceso más que acelerarlo.

Los clientes con frecuencia deflectan la experiencia del impasse sin siquiera darse cuenta. Lo hacen, porque en la vivencia del impasse, las sensaciones de impotencia y desesperanza resultan intolerables e insoportables. Hay muchas razones por las que los clientes encuentran menos difícil regresar a la lucha entre las dos partes. Como se dijo en el apartado de "Pedaleando a través del impasse", es menos estresante luchar que experimentar los sentimientos/sensaciones del impasse. Los clientes aún sienten esperanza y piensan, "Tal vez esta vez lograré un avance significativo". Sienten al menos cierto poder cuando están luchando. Los clientes prefieren tener sentimientos familiares, aunque no les gusten. No quieren enfrentar nuevos sentimientos por temor a no ser capaces de lidiar con ellos o a perder el control. Al evadir el impasse, son capaces de forzar los asuntos difíciles hacia el fondo.

> *Disminuye el ritmo*
> *-llegarás más rápido-*
> *Permite que el trabajo*
> *se desenvuelva a su*
> *propio tiempo.*

Fuera de la terapia, las personas tienen miles de maneras de deflectar la impotencia y la desesperanza del impasse: bebiendo, jugando, comprando, enfrascándose en el trabajo, sexo, pasatiempos, deportes, hijos, y en discusiones con el cónyuge o con alguien más. Cualquier cosa puede ser mejor que sentir la impotencia, la desesperanza, la desintegración y el estancamiento. El cliente pasa una y otra vez por el impasse, posiblemente toda la vida, porque el conflicto continúa. El conflicto necesita ser resuelto para terminar con ese patrón cíclico y evolucionar hacia un modo de ser más saludable. El Trabajo con Dos-Tús es un modo poderoso de facilitar la resolución del impasse.

Facilitando el acceso y la expresión de vulnerabilidades medulares

Ser vulnerable es ser susceptible de ser herido o lastimado a nivel emocional o físico. La vulnerabilidad se da en un continuo que va desde la más pequeña vulnerabilidad, hasta la extrema vulnerabilidad. Una vulnerabilidad medular se encuentra al final de ese continuo -al centro del self-. El Trabajo con Dos-Tús es como pelar las capas de una cebolla, cada capa representa una capa de vulnerabilidad hasta que ya no quedan más capas. El trabajo está al centro del self.

Durante el impasse, los clientes llegan a un contacto profundo con sus vulnerabilidades más medulares. En el corazón de cualquier conflicto, existe un tema recurrente de vulnerabilidad que es idiosincrásico para el individuo. La vulnerabilidad suele desarrollarse en la niñez por interacciones con los miembros de la familia de origen y con otras personas significativas, como vecinos, huéspedes, compañeros, profesores, entrenadores, líderes religiosos, otros padres, etc. Se desarrolla a partir de experiencias que involucran mascotas u otros animales. Puede desarrollarse a partir de atributos físicos o anormalidades. También puede desarrollarse a partir del estilo de vida, eventos y experiencias. Las vulnerabilidades medulares pueden ser desarrolladas en la adultez en circunstancias extremas, como la guerra, hambruna, sequía, accidentes, experiencias cercanas a la muerte, asaltos, tortura y otros traumas importantes.

> *Identifica claramente el significado que los clientes dan a sus eventos y experiencias.*

Lo más importante es que el significado que el individuo da a cualquiera de estos factores moldea la vulnerabilidad. Las personas experimentan los mismos eventos y circunstancias, o similares y, sin embargo, llegan a distintas conclusiones sobre el self, sobre otros, sobre la vida, sobre cómo actuar o no actuar para sobrevivir de mejor manera.

El mismo evento, distinto significado

*Cada una por su cuenta, en distintos momentos de la terapia, las hermanas gemelas **Megan** y **Moira**, reportaron el mismo recuerdo de la niñez. A los 10 años, estaban jugando en un partido de baloncesto en el colegio. En el medio tiempo, una de las madres les llevó un plato grande de naranjas partidas. Justo cuando llegó con el grupo, se tropezó y regó las naranjas por todo el piso. El recuerdo de Megan: "¡Fue muy chistoso! Los niños se arrojaron por las naranjas y se las comieron del piso. ¡Qué divertido! No podía parar de reír." El recuerdo de Moira: "¡Fue asqueroso! Los niños se abalanzaron por los pedazos de naranja, agarrándolos del suelo y se las devoraron. ¡Fue horrible!" El mismo evento, las mismas personas, las mismas circunstancias y, sin embargo, una lo vivió como chistoso, y la otra, como asqueroso.*

La tarea del terapeuta: identificar vulnerabilidades medulares

Identifica la dinámica polar en el contenido del cliente. La tarea del terapeuta es dilucidar la vulnerabilidad esencial a partir del contenido de las historias del cliente. Existen muchas variaciones en los temas que surgen de las polaridades. Sin importar de qué asuntos habla el cliente, llegará al mismo asunto medular, o a una combinación de asuntos medulares, durante el impasse, así que si el terapeuta se lo pierde durante la sesión, puede estar seguro de que surgirá en sesiones posteriores. El terapeuta ayudará al cliente a tomar consciencia de sus vulnerabilidades centrales al vincular asuntos.

Chispas, arañas y vómito

Larissa *llegó a terapia buscando ayuda con sus fobias. Dijo que sus fobias se interponían en sus relaciones con los demás, tanto en su matrimonio, como en su trabajo. A medida que platicaba al terapeuta sobre sus fobias, recordó cosas específicas de su niñez. En un recuerdo, su madre estaba prendiendo fuego en la chimenea, y algunas chispas ruidosas cayeron sobre el tapete, el cual se incendió. Trató de correr de la sala, pero su madre no le permitió irse. En otra ocasión, estaba en la feria con su abuelo. Estaba aterrada cuando prendieron los fuegos artificiales. Trató de correr, pero él la detuvo y no la dejó irse. En otro recuerdo, ella estaba viendo una araña en la recámara de su hermana mayor. Su hermana, sabiendo que tenía miedo a las arañas, burlonamente bloqueó la entrada para que Larissa no pudiera salir. Cuando tenía como 8 años, su padre tardó mucho en orillar su auto cuando ella se sentía mareada y necesitaba vomitar; él estaba furioso con ella por haberse mareado.*

El tema recurrente en los recuerdos tempranos, es que personas significativas de su familia, de manera descuidada, la atraparon en situaciones que eran atemorizantes para ella. En vez de enfocarse en las personas y en lo que le hicieron, desarrolló miedos a los detonadores de esos eventos.

En cada recuerdo, el incidente es un trauma por la forma en que los otros carecieron del cuidado y la preocupación por ella y por lo impotente que se sentía en ese momento para hacer algo al respecto. Las dinámicas para ella son libre/atrapada, impotente/

poderosa, cuidada/no cuidada, y segura/insegura.

A medida que la terapia progresó, enfocándose más en su relación con las personas de sus recuerdos, Larissa desarrolló una mayor comprensión (insight) acerca de las causas de fondo de sus fobias. A medida que trabajó en la verdadera causa de sus miedos, sus fobias empezaron a disiparse. Dejó de ponerse en situaciones en las que se sintiera atrapada por otras personas o cosas. Aprendió que puede liberarse y disfrutar vivir en libertad.

Las fuerzas que impiden superar el impasse

Arriesgándose a lo desconocido

En el impasse, el cliente lucha con un dilema. Le da miedo perder su manera de ser en el mundo, que era la que le ayudaba a sobrevivir y a salir adelante en su niñez, aún cuando ahora opere en su contra. Al mismo tiempo, tiene miedo al futuro. Es muy difícil para un individuo abandonar su manera de ser en el mundo cuando no sabe cómo ser diferente. Los clientes a menudo se preguntan, "Si no soy como solía ser, ¿quién seré?" Nadie puede saberlo. No hay ninguna garantía. Una vez que el self creativo es libre de desarrollarse, evolucionará un nuevo self. Nadie puede predecir o saber cómo será el nuevo self integrado, o de qué será capaz, y no hay vuelta atrás. Una vez que uno sabe algo, no puede "des-saberlo". Puede olvidarlo, pero no puede "des-experimentarlo".

Antes de que una persona se enamore por primera vez, por ejemplo, no sabe si es capaz de enamorarse o cómo es dicha experiencia. Una vez que la persona se ha enamorado, aún cuando el amor haya terminado, sabe que es capaz de hacerlo. Sabe, también, cómo es la experiencia. Una vez que la persona experimenta una nueva percepción de self, sabe que es capaz de tenerla.

Una pregunta frecuente que me hacen mis clientes es, "¿Qué pasa si no me gusta la persona en la que me convierto?" El cliente sabe que puede lidiar con su forma de ser actual, aún cuando no le guste. Recuerden el dicho -más vale malo por conocido, que bueno por conocer[8]. No sabe si podrá lidiar con el nuevo self. El rol del terapeuta es apoyar y calmar al cliente a lo largo del impasse. Cada parte del self necesita cambiar. La integración de los estándares y valores con los deseos y las necesidades, crea un nuevo self. El Crítico reconoce los deseos y las necesidades del Self Experiencial como válidos, lo cual permite que ocurra la fusión de

---

8   N. del T. En inglés: "Better the devil you know than the devil you don't know", cuya traducción literal sería "es mejor el diablo que conoces, que el diablo que no conoces".

los dos aspectos del self en uno solo. La nueva percepción de self será positiva, aunque un poco extraña. No es posible que al cliente no le guste el nuevo self. No gustarle el nuevo self implicaría una nueva división, lo cual requeriría más trabajo.

Cuando los clientes experimentan una nueva percepción de self, dicen cosas como, "Me gusta quién soy", "Me siento completo", "Me siento en paz conmigo mismo". El resultado de la integración es un sentido de unidad del self -una experiencia de armonía y paz interior-.

Deseo de sobrevivir

Las dos partes del self se encuentran en una lucha de vida o muerte. Cada aspecto del self lucha por su manera de ser en el mundo. Cada una se resiste al cambio. El Self Experiencial no ha tenido acceso aún a sus recursos internos sin utilizar; está tratando de existir ante el trato rígido, manipulador y despectivo del Crítico. El Crítico, también, está luchando por su vida. El Crítico se desarrolló en la niñez y ayudó al cliente a sobrevivir la infancia, tal vez gran parte de la etapa adulta también, precisamente por su manera de ser en el mundo. Así que el Crítico no quiere abandonar la forma de ser por la cual trabajó tanto tiempo. Además, el Crítico se siente poderoso, en control, y necesitado. El Crítico se niega a renunciar a esa posición superior.

> *La oruga muere al convertirse en mariposa. Tienen el mismo ADN, sin embargo, distinto modo de ser en el mundo.*

Aferrándose a lo familiar

Para superar el impasse, el cliente necesita renunciar a su identidad. De alguna manera, el cliente tiene que dejar dos identidades -la identidad del Self Experiencial y la identidad del Crítico-. El cliente enfrenta dos "muertes". En una estereografía, para ver la imagen oculta, tienes que olvidarte de la manera en que habitualmente ves, y mirar de un modo distinto. Cuando eres capaz de hacerlo, una imagen completamente distinta emerge. Una vez que has visto la imagen oculta, no puedes volver a ver la imagen original del mismo modo. Tienes un conocimiento que no puedes desaprender. Para el cliente, desprenderse de sus viejos modos de ser le permite lograr una nueva forma de ser en el mundo. En cierto sentido, el Crítico y el Self Experiencial se sintetizan y se convierten en una nueva entidad. Una vez que el cliente ha experimentado una nueva forma de ser, sabe que es posible. Tiene nueva información acerca de quién es y, aunque nuevo, extraño y emocionante, se siente mejor que antes. El nuevo self trasciende tanto al Crítico como al Self Experiencial.

Superar el impasse es un fenómeno de muerte/renacimiento. El mítico Fénix tiene que morir antes de que el nuevo Fénix resurja entre las cenizas. Es la muerte del viejo modo de ser en el mundo, la muerte del self/selves lo que es tan difícil de aceptar. Un profundo sentido de pérdida y pesar se suscita, y requiere expresión, procesamiento y aceptación.

El cambio a este nivel es un cambio caracterológico, porque el individuo experimenta un cambio en su carácter. No se está convirtiendo en alguien nuevo o distinto, sino que se está volviendo más quien realmente es, en esencia.

Florecimiento

Natalie *tiene talento artístico. Su talento salió a relucir pronto en la terapia, pero Natalie hace caso omiso a los comentarios de su terapeuta en cuanto a que es artística. Continuó ignorando y minimizando su propio talento. De niña, su talento artístico no había sido válido nunca para su padre. Su madre era pasiva frente al carácter dominante del padre. Había sido criada en una época en la que las mujeres no se rebelaban ni trabajaban fuera del hogar. Esto hacía que desarrollar o expresar su talento artístico pareciera indigno e imposible. Como ama de casa, era válido usar su talento artístico para hacer colchas, juguetes, ropa y adornos navideños.*

El Self Experiencial de Natalie es una artista. Su Crítico es como su papá, que no valora su don, diciéndole cosas como, "Ser artista no es un trabajo significativo ni valioso" y "estás perdiendo tu tiempo". Después de muchos años en terapia, el Crítico finalmente cambia y empieza a valorar quien el Self Experiencial es, permitiéndole florecer. Finalmente, Natalie tiene que desprenderse de su vieja identidad como alguien que no es suficientemente buena. Reconoce su talento como artista y se convierte más en quien es en esencia. Esto abre un nuevo mundo para ella en sus 60's. Se transforma en su nueva identidad.

Introyectos de los demás

Los introyectos adoptados en la infancia pueden evitar que el Crítico se suavice. Tal vez un padre le comunicó al cliente en su niñez, "No te querré si eres más exitoso que yo". Tal vez un hermano parecía enfermarse cada vez que el cliente tenía éxito, así que ahora el cliente tiene la creencia de que si cambia, hará que alguien se enferme. Tal vez los amigos no pueden tolerar, o se sienten algo amenazados si el cliente se vuelve más quien es. Tal vez el cliente se da cuenta de que cambiar significa que ya no encajará en su familia, en el entorno actual de amistades, o de compañeros de trabajo. Cuando un individuo deja el alcohol, posiblemente tenga que dejar también a miembros de su familia o amigos. Dejar gente conocida o un modo de ser conocido con los amigos y los familiares implica pérdida y dolor.

Miedo al cambio

"No quería saber lo que sabía" -lo que un cliente admitió una vez que se apropió de lo que sabía-.

Es posible que los clientes tengan miedo de no poder manejar el cambio exitoso. El cambio puede traer consigo todo un conjunto de nuevos problemas con los cuales el cliente no se siente capaz de lidiar. Querer cambiar y tener la capacidad de manejar el cambio son cosas distintas. Muchas personas saben cómo luchar por alcanzar una meta, sin embargo, no tienen idea de cómo manejar los cambios una vez que han alcanzado la meta. En este punto, los clientes necesitan que se les confirme que, con la práctica, serán capaces de manejarlo, y que pueden echar mano de los recursos con los que cuentan como guía y apoyo.

> *"No quería saber lo que sabía" -lo que un cliente admitió una vez que se apropió de lo que sabía-.*

Miedo a los remordimientos

Para complicar más el asunto, si el cliente cambia ahora, significa que pudo haber cambiado antes. Esto suscita un dilema para el cliente. Quedarse como está justifica la actitud que está tomando. Cambiar ahora significa responsabilizarse por no haber cambiado antes, y admitir una pérdida de tiempo y un sufrimiento innecesarios.

Cómo lidio con mis remordimientos

Ocasionalmente, recuerdo cuando era joven y desearía haber manejado las cosas de otra manera, o haber tomado otra decisión. Con suficiente rapidez, soy capaz de tener una mayor aceptación de mí misma, sabiendo que simplemente no era capaz en ese tiempo. No podía haberlo hecho de otra manera entonces. No tenía las habilidades, la madurez, las experiencias, ni el conocimiento que tengo ahora. Cuando hago ese cambio, siento compasión de mí misma, y soy capaz de soltar los remordimientos. -Bea

Es muy tarde

Algunos clientes concluyen que están demasiado viejos o que su momento ya pasó. Ésta es una división del Self-vs-Self; una parte del self está deteniendo a la otra, impidiéndole hacer lo que anhela hacer. Ésta es sólo otra forma de evitar el cambio porque asusta, y de evitar ser culpado por el self y por otros de no haber cambiado antes.

Retos comunes

Re-involucrar al cliente cuando deflecta

Deflexión: El momento en el que el cliente interrumpe o deflecta es a menudo una evitación inconsciente. Descubre la razón de la deflexión pidiéndole al cliente que retroceda hasta el punto anterior a la interrupción.

Durante una parte del Trabajo con Dos-Tús, es muy común que el cliente parezca "salirse" del trabajo hablándole directamente al terapeuta. O pueden, de pronto, tener ganas de un cigarro, tomar agua, pensar en el trabajo, ver su reloj y recordar una cita, o de alguna otra manera salir del trabajo que están haciendo. Los terapeutas a menudo no se dan cuenta de que esto es una parte del trabajo, y tienden a tomar este comportamiento como algo separado del trabajo, perdiéndose de la interrupción vital que está ocurriendo en el momento.

Me viene a la mente un ejemplo de este tipo de interrupción. Hace muchos años, cuando atravesaba por el rompimiento de mi matrimonio, tuve que hacer mi propia aflicción a un lado mientras trabajaba con los clientes. Un día, estaba trabajando con una mujer, y estábamos muy concentradas en un Trabajo con Dos-Tús. De repente, dejó de enfocarse en el trabajo, me miró fijamente y me dijo, "estás triste". En ese momento, sentí la tristeza fluyendo en mi rostro. Ella estaba completamente en lo cierto. No rompí en llanto, pero supe que ella podía ver en mi rostro la tristeza que percibió en mí. Yo sabía que este era un momento crucial en el trabajo. No podía cargarla con mis problemas, sin embargo, como ella sentía que las personas le habían mentido toda su vida, yo tenía que ser honesta con ella. Así que le dije, "sí, estoy pasando por un mal momento. ¿Cómo es para ti que yo esté pasando por un mal momento?" De esta manera, fui capaz de regresar el foco del trabajo a ella, y fuera de mí. Al explorar lo que pasó, resultó evidente que de niña, se volvió muy sensible al dolor de los demás, y aprendió a enfocarse en el dolor ajeno para deflectar su propio dolor. Nadie notó su dolor. En el Trabajo con Dos-Tús, su propio dolor apareció en primer plano. Sin saber lo que hacía, deflectó de su propio dolor enfocándose en el dolor que percibió en mí. La dirigí al punto en el que desvió su atención hacia mí y le ayudé a enfocarse en su propio dolor. Esto era nuevo para ella; inusual, pero muy productivo. Cerca de un mes después, al salir al final de una sesión, me dijo, "Deduje lo que pasó. Noté que ya no estabas usando tu anillo de casada". Sonreí con una sonrisa de aceptación, pero no dije nada más. Ella continuó, "Nadie ha hecho eso por mí, hacer a un lado su dolor y poner atención en el mío. Realmente lo aprecio." Ella había experimentado algo nuevo. Una experiencia que ella debió haber vivido muchas veces en su niñez, pero que nunca tuvo. Yo llamo a esto experiencia reparadora.

(Figura 6: Al abogar a favor del Self Experiencial (SE), me coloco físicamente entre el Crítico (C) y el SE cuando el cliente está en la posición del SE. También intervengo cuando el C continúa siendo abusivo, y le pido al cliente que regrese al lugar del SE, que queda detrás de mí, y entonces le empiezo a hablar al lugar vacío desde donde estaba hablando el C. A medida que el trabajo progresa, me paro/siento junto al C y pregunto cómo fue la experiencia de tener a una persona de autoridad interviniendo a favor del SE.

Recomiendo enfáticamente que no le hables al cliente cuando está en la posición del C rígido/abusivo. El cliente es susceptible de llegar a la violencia física en este lugar cuando el terapeuta aboga a favor del SE.)

Lidiando con el Crítico Recalcitrante

Abogando por el Self Experiencial

Mientras más sana se encuentra la gente a nivel emocional, más pronto se suavizará su Crítico. Las personas que han luchado en la infancia con parientes, profesores, entrenadores y otras personas significativas difíciles, suelen desarrollar Críticos que son tan difíciles, o más, que las personas reales.

Cuando el Crítico se rehúsa a suavizarse y el Self Experiencial no encuentra la fuerza, ni siquiera con apoyo terapéutico, de enfrentarse al Crítico, el terapeuta necesita intervenir y abogar por el Self Experiencial. El terapeuta necesita detener el abuso del cliente al self.

En este caso, el Crítico de la propia persona es un introyecto de un padre, hermano u otra persona significativa extremadamente abusiva o emocionalmente perturbada. Uno de los padres puede ser extremadamente abusivo y dominante mientras que el otro puede estar emocionalmente perturbado. O el otro puede estar ausente de alguna manera, tal vez retirándose, alcoholizándose, abandonando o trabajando en exceso. Como niño, el cliente no puede hacer frente a tan tremenda fuerza. El cliente se está haciendo lo que el padre y/o otros le hicieron en la infancia. En el Trabajo con Dos-Tús, una división del Self-vs-Otro evoluciona naturalmente de una división del Self-vs-Self. Frente a un trato implacable severo y cruel, el Self Experiencial regresará a ser un niño pequeño que se paraliza de miedo. Si el Trabajo con Dos-Tús no evoluciona automáticamente hacia la división del Self-vs-Otro con uno de los padres, o con otro adulto significativo, la tarea del terapeuta es facilitar el cambio a esta división.

Ejemplo:

En la siguiente transcripción, el Trabajo con Dos-Tús continúa a partir de un diálogo previo en el cual el Crítico se ha rehusado a suavizarse.

Cliente: (como SE) No tiene sentido. No llego a ninguna parte. Debería darme por vencido. Sé que ya no puedo hacer ese trabajo. Simplemente no puedo regresar allá. (Llora)

Terapeuta: Regresa al otro lugar y sé el Crítico.

Cliente: (como Crítico) (sarcástico) ¡Qué infantil eres! Deja el drama y supéralo.

Terapeuta: Regresa. ¿Qué te sucede cuando escuchas eso?

Cliente: (como SE) (Silencio. Cabeza baja y llorando)

Terapeuta: ¿Te suena familiar esto?

Cliente: (como SE) Claro. Así es mi padre.

Terapeuta: (cambia a la división Self-vs-Otro) Bueno, deja que el de ahí sea tu padre. Toma un minuto para experimentar la sensación de que él está ahí. (pausa) ¿Qué te sucede al hacer esto?

Cliente: (como "Niño", susurrando) Me siento como de seis años. Estoy tan asustado.

Terapeuta: (se mueve para abogar por el "Niño") Me voy a meter aquí. (Terapeuta se coloca de pie entre el padre y el hijo. El niño está detrás de la terapeuta, quien está viendo de frente al padre. Entonces, la terapeuta le habla al padre).

Terapeuta: (al "Padre" como abogado del "Niño") Detente. No dejaré que le sigas hablando así a tu hijo. Estás siendo hiriente, y esto debe de parar. Continuamente estás atacando a tu hijo y empeorando las cosas. Es sólo un niño pequeño. Detengo esto en este momento. Ha continuado por demasiado tiempo.

Terapeuta: (al "Niño") ¿Cómo se siente tener a alguien que intervenga y detenga a tu padre?

Cliente: (como SE) Siento alivio. ¡Una gran sensación de alivio! Aunque no puedo creerlo del todo. Es algo extraño, pero bueno. Nunca había sentido esto antes.

Terapeuta: (como abogado al "Niño") Bueno, debiste haberlo sentido. Un adulto debió haber intervenido para detener a tu padre, y que no hubiera sido tan severo contigo cuando eras pequeño. Pero nadie lo hizo.

¿Qué quisieras decirle a tu padre desde atrás de mí? Tal vez estás demasiado asustado para hablar y, si es así, dime qué quieres que yo le diga, y yo hablaré con él.

Cliente: (como "Niño" al abogado) Dile que me está asustando -me está asustando tanto que no puedo pensar-. Dile que no puedo hacer lo que quiere cuando me asusta tanto.

Terapeuta: (como abogado al "Padre") Estás asustándolo. Si sigues asustándolo así, no será capaz de hacer lo que tú quieres que haga, ni siquiera lo que un niño pequeño puede hacer. Te tiene tanto miedo, que no puede pensar.

Cliente: (como "Niño" a su abogado, quien se mantiene en la misma posición) Sé lo que está pensando. Piensa que tan pronto como salgamos de aquí, me irá mal.

Terapeuta: (como abogado al "Padre") E incluso una vez que hayan salido de aquí, seguiré protegiéndolo. Si puede tenerte en su cabeza, *puede llevarme también a mí en su cabeza. Me tendrá con él para evitar que lo maltrates de nuevo. Además, cuando regreses la próxima vez, él me dirá lo que has hecho. Ya le has causado demasiado daño. Es momento de que te des cuenta de que sólo es un niño pequeño y que necesitas ser distinto con él.*

Terapeuta: Cambia de lugar.

Cliente: (como "Padre") No sé cómo parar. No sé qué hacer distinto. No sé qué pasará contigo si yo me detengo. Quiero prepararte para el mundo. Tienes que ser duro en este mundo, y quiero que estés bien en él.

Terapeuta: (al "Padre" como abogado) Bueno, ¿por qué no le dices eso y ves qué sucede?

Cliente: (como "Padre") Sólo estoy tratando de ayudarte a ser fuerte para que puedas sobrevivir en el mundo. Sólo estoy tratando de ayudarte.

Terapeuta: (al "Niño") Ven aquí. Puedes hablarle a tu padre desde atrás de mí, o puedo hablar con él si estás muy asustado.

Cliente: (como "Niño" al "Padre" desde atrás del abogado) Causas mucho miedo. Tengo miedo de todos porque tú causas mucho miedo.

Terapeuta: (al "Padre") (la terapeuta sale del papel del abogado y se pone al lado del padre)

¿Cómo te sientes con tu hijo ahora?

Cliente: (como "Padre" a la terapeuta) Sorprendido. No me había dado cuenta de que es sólo un niño pequeño. Creo que lo estoy asustando, pero no sé cómo detenerme. Realmente quiero que sea capaz de valerse por sí mismo en el mundo. Es duro estar ahí afuera.

Terapeuta: (al "Padre") Cuéntale de tu preocupación por él.

Cliente: (como "Padre") Mira, hijo. Sólo quería ayudarte a que te fortalecieras para que pudieras manejarte en el mundo. No tuve un padre que me ayudara, así que tuve que aprender a valerme por mí mismo.

Terapeuta: (al "Niño") [vuelve al papel del abogado, parándose entre los dos] ¿Puedes hablar con él directamente, o quieres que aún sea tu abogada?

Cliente: (como "Niño" a la terapeuta) No te necesito ahora. Ya no asusta tanto.

Terapeuta: (al "Niño") ¿Qué quisieras decirle a tu padre?

El Trabajo continúa...

Ahora que el padre se ha suavizado, la terapeuta continúa propiciando que el padre y el hijo encuentren una nueva manera de ser con el otro. Si el padre se sigue resistiendo a suavizarse, la terapeuta sigue abogando por el niño frente a un padre rígido o emocionalmente perturbado. En ocasiones, uno o ambos padres del cliente están emocionalmente perturbados. El terapeuta valida y apoya al niño, brindando la experiencia reparadora de recibir protección y apoyo por parte de un padre con autoridad, fuerte y emocionalmente sano.

Bloqueando al Crítico Recalcitrante

En este ejemplo, el Crítico nunca se suaviza. El terapeuta aboga por el Self Experiencial, interponiéndose físicamente entre el Crítico y el Self Experiencial. Trabaja con el Self Experiencial para que sobreviva a pesar de la negatividad y del poder del Crítico.

Terapeuta: (como abogado) El Crítico no va a ceder, así que tenemos que trabajar con eso. Necesitamos encontrar una manera de protegerte del daño del Crítico. Imaginemos que soy un rompevientos que te protege de un fuerte viento que sopla constantemente en la misma dirección. Estás detrás del rompevientos, y no sientes realmente el viento. ¿Cómo es eso para ti?

Cliente: (a su abogado) Sí. Siento alivio. Ya no tengo que ponerme fuerte ante él. Puedo descansar.

Terapeuta: (como abogado al Crítico)

Reconocemos que eres tan fuerte que ninguno de los dos puede evitar que continúes haciendo lo que haces. Sin embargo, podemos proteger al Self Experiencial de ti. Así que adelante. Sigue haciendo lo tuyo. Ya no trataremos de detenerte.

Cliente: (como Crítico) Bueno, está bien. Me gusta que reconozcan mi poder. Puedo seguir haciendo lo que quiero. (confundido) El único problema -parece que ya no tiene sentido si no causo impacto en ti-.

Terapeuta: Regresa ahí y sé el Self Experiencial. (El terapeuta se sitúa en la posición de abogado)

Cliente: (como SE) Esto se siente bien. No tengo que tolerar su mierda, y puedo hacer lo que necesito. Me gusta. Nunca se me había ocurrido que puedo simplemente bloquearlo.

Terapeuta: (vuelve a una posición neutral) Regresa y sé el Crítico.

Terapeuta: (al Crítico): ¿Cómo se siente no tener que cambiar -poder hacer lo que quieras- sin embargo, no tener impacto en el Self Experiencial?

Crítico: (al Terapeuta) Es raro. Siempre he llevado la delantera, y parece que todavía la tengo, (pausa) pero no. No estoy seguro de qué hacer ahora.

Terapeuta: (al Crítico) Háblale a esa parte tuya acerca de eso.

El trabajo continúa...

Es importante comprometer al Self Experiencial en el proceso creativo de generar protección. Mis clientes han llegado a muchos conceptos creativos, como una gran burbuja impenetrable, una cortina mágica, o una pared invisible. La imagen funcionará mejor para el cliente si proviene de sus propias experiencias y su creatividad.

Cuero y cadenas

Cuando presento el Trabajo con Dos-Tús en conferencias, pido que un voluntario trabaje conmigo. En una ocasión, un hombre que llevaba ropa de cuero con muchas cadenas se ofreció a trabajar conmigo. Lo primero que me vino a la mente fue, "¿En qué me metí?"

No recuerdo el contenido de su conflicto interno, pero la división en sí mismo pronto evolucionó hacia su lucha con su madre. Durante el trabajo, cuando emergió su madre, él regresó a ser un pequeño niño aterrado. Su madre era dominante y abusiva, un crítico recalcitrante que no cedía ni una pulgada. Abogué por el niño interno del voluntario. Estaba encogido en el piso con su cuero y sus cadenas. Me paré entre él y su madre y la confronté con firmeza sobre lo que estaba haciéndole a su hijo. Le dije que le ponía fin a eso. Dije que, como psicóloga, tenía el poder y la autoridad para hacerlo. Al concluir, invité a mi voluntario a que me ayudara a contar su experiencia a los asistentes al taller. Al compartir, les dijo que algo muy fuerte le había pasado cuando yo confronté a su madre. Declaró que nadie le había hablado así a su madre real, y que nadie lo había defendido antes. Lo vivió como un momento transformador.

No he sabido de él, ni lo he visto después de esa conferencia. Mi deseo es que haya dejado de hacerse lo que su madre le hizo.

Eliminando la fantasía

La resistencia a superar el impasse a menudo se presenta por las fantasías atemorizantes e inconscientes de los clientes. Cuando esas fantasías son traídas a la conciencia, el cliente puede lidiar con ellas. La fantasía atemorizante es habitualmente negativa, pero puede incluso ser positiva, como conseguir lo que quieren. Los fragmentos de oración son herramientas útiles para ayudar a los clientes a que contacten con sus miedos inconscientes. Al darles los inicios de oración adecuados y pedirles que las completen, el terapeuta facilita el contacto con creencias y sentimientos subyacentes.

Ejemplos:

> *Utiliza frases incompletas para llegar a sentimientos y creencias subyacentes.*

Cliente: ("Madre" a niño adulto) No puedo decirte qué fue lo que me sucedió.

Terapeuta: (a la "Madre") Completa esta oración -Si te dijera qué fue lo que me sucedió...

Cliente: ("Madre" a niño adulto) Si te dijera qué fue lo que me sucedió, tú (pausa) dejarías (pausa) de amarme.

El trabajo continúa...

Otro ejemplo:

El cliente está en un punto del trabajo en el cual el Crítico, como siempre, se resiste al cambio.

Cliente: (Crítico al SE) No puedo dejar que retomes tu poder. No puedo dejar que hagas lo que sea que crees que puedes hacer. No sucederá ni ahora (pausa) ni NUNCA.

Terapeuta: (al Crítico) Termina esta oración -Si te dejo retomar tu poder...

Cliente: (Crítico al SE) Si te dejo retomar tu poder, (pausa) esto será el cuento de nunca acabar.

Terapeuta: (al Crítico) Si te dejo retomar tu poder, (pausa) dale un final distinto.

Cliente: (Crítico al SE) Si te dejo retomar tu poder, te harás demasiado fuerte.

Terapeuta: (al Crítico) De nuevo, final distinto.

Cliente: (Crítico al SE) Si te dejo retomar tu poder... (en voz muy baja) me vas a suplantar.

Terapeuta: (al Crítico) Si me suplantas...

Cliente: (Crítico al SE) Si me suplantas, (pausa) dejaré -dejaré de existir (pausa larga)-.

Terapeuta: (en voz baja al Crítico) Entonces estás luchando por tu vida.

Cliente: (como Crítico) Sí. (suspiro)

Terapeuta: Regresa al lugar del Self Experiencial.

Terapeuta: (al SE) ¿Te habías dado cuenta de que el Crítico estaba luchando por su existencia?

Cliente: (como SE al terapeuta) No. Me sentía dominado. No me quiero deshacer de él. Tiene mucho que ofrecer, sólo que no de la forma en que lo ha estado haciendo.

Terapeuta: Dile eso.

Cliente: (como SE al Crítico) Mira, tienes mucho que ofrecerme. Valoro tus puntos de vista. Simplemente no me gusta que me lo hagas tragar a la fuerza. Necesito que seas más como... un... un sabio -ofreciéndome palabras de sabiduría.

Terapeuta: Regresa a ser el Crítico.

Terapeuta: (al Crítico) Bueno, ¿puedes hacer eso?

Cliente: (como Crítico al terapeuta) Se siente bien escuchar que aún me quiere en su vida. Pensé que me quería muerto.

Terapeuta: (al Crítico) Dile eso.

Cliente: (como Crítico al SE) Me alegra que aún me encuentres útil. Creo que puedo hacerlo. Tal vez no sea muy bueno al inicio, pero puedo intentar.

Cliente: (sin que el terapeuta lo diga, cambia al lugar del SE y le habla al Crítico) Está bien. No espero milagros. Yo también estaré en una nueva posición. Podemos ayudarnos mutuamente en el camino.

Terapeuta: Regresa a ser el Crítico. Háblale al Self Experiencial.

Cliente: (Crítico al SE) Me siento aliviado. Creo que puedo hacerlo.

Terapeuta: (a ambos) ¿Hay algo más que alguno quiera agregar? (ambas partes dicen "no")

Terapeuta: Bueno, entonces, regresa a tu lugar y revisemos esto un poco.

Cierre.

Cuando el Crítico se retira y se vuelve el Apoyador, la energía del cliente se alinea de nuevo. Las dos partes están ahora colaborando como equipo. El cliente ha entrado a la etapa de Integración.

Resumen

Todo el conocimiento y las habilidades aprendidas en los capítulos anteriores son necesarios para lidiar con el impasse. En la mayoría de los casos, los clientes saldrán del impasse por sí mismos debido a su auto-descubrimiento. En este capítulo, los terapeutas están preparados para la desafiante tarea de ayudar a los clientes a hacer la transición de partes del self en oposición, a empezar a fusionarlas. Definí el impasse y señalé las fuerzas que trabajan en contra del logro. En este nivel, los clientes ya no están lidiando con el contenido de su asunto; están enfocados en la dinámica central entre el Crítico y el Self Experiencial que resulta problemática. Los terapeutas aprendieron a crear seguridad para el cliente, trabajar con sus defensas y no en contra de ellas, y a estar preparados para lidiar con emociones intensas. Los ejemplos demostraron cómo los terapeutas pueden volver a comprometer a los clientes cuando deflectan, cómo bloquear a un Crítico difícil y cómo abogar por un Self Experiencial vulnerable. Los terapeutas necesitan desarrollar una alianza terapéutica fuerte para facilitar y apoyar al cliente durante la experiencia de muerte/renacimiento.

Capítulo Ocho

Cambio

El caos en el mundo genera ansiedad, pero también representa una
oportunidad para la creatividad y el crecimiento.
-Tom Barret

La etapa de Fusión versa sobre el encuentro entre el Crítico y el Self Experiencial. Este capítulo prepara al terapeuta para que pueda lidiar con los cambios que se presentan en el Crítico y en el Self Experiencial y para negociar la interacción entre ambas partes cuando la Fusión y la Integración no ocurren de manera espontánea. Se discuten los factores involucrados en el cambio, tales como: buena disposición, nivel de daño emocional, cambio terapéutico, perspectiva, resistencia y reconciliación. Finalmente, se resaltan los indicadores de cambio y se enfatiza la importancia de permitir que la etapa de Fusión se presente cuando deba hacerlo.

Creando un nuevo orden a partir del caos

Para llevar a cabo el cambio, el antiguo orden necesita entrar en caos, y es a partir del caos que puede surgir un nuevo orden. Para los clientes, sus viejos modos de ser ya no les son funcionales y requieren un cambio radical. Pero el caos es incómodo. Es como si el libro de reglas que desarrollaron para vivir su vida tuviera que ser desechado, y no pueden imaginar la vida sin él. O, si su vida ha sufrido ya un cambio radical, como si el libro de reglas sobre cómo vivir hubiera expirado, pero aún no tienen otro nuevo. Cuando todas las reglas parecen haber cambiado se vive en un estado de incomodidad y ansiedad. Sin embargo, a partir del caos, es posible desarrollar una nueva manera de ser en el mundo, con reglas nuevas y revisadas que funcionan mucho mejor.

De esto se trata el Trabajo con Dos-Tús -de crear, de modo terapéutico-, el cambio necesario para que el individuo pueda reintegrar los aspectos del self que se han escindido. Es como quitar un bloqueo de troncos. Se hacen los cambios necesarios en los troncos, para que el flujo del agua se restablezca y el agua pueda fluir libremente de nuevo, uniendo los dos cuerpos de agua que habían quedado separados.

El cambio ocurre a lo largo del Trabajo con Dos-Tús. Los cambios pueden ser de pequeños a grandes. Los cambios pequeños a menudo pasan desapercibidos por el cliente. Muchos cambios pequeños ocurren tanto en el Crítico como en el Self Experiencial, mientras luchan entre sí. Después, cuando hay suficientes cambios pequeños, empiezan a unirse, generando un cambio significativo. Así como un bloqueo necesita que se den muchos pequeños cambios antes de que el flujo del agua se restablezca, así, en terapia, muchos pequeños cambios ocurren antes de que la energía natural de la persona se restablezca, provocando un cambio psicológico mayor.

Oposición

En la etapa de Oposición, a través de la interacción verbal y no verbal, el Crítico y el Self Experiencial empiezan a llevar a cabo cambios. Explorar su estilo de interacción y examinar cada parte posibilita los cambios en la medida en que el Crítico revela sus intenciones y hace explícitos sus estándares y valores, y de que el Self Experiencial es capaz de retomar su poder y sostener al self ante la contundencia del Crítico. Esta exploración y esta expresión son las que evocan y provocan el cambio.

El Crítico cambia

La postura rígida del Crítico es la que reprime al Self Experiencial. Los estándares y valores del Crítico son poco realistas; son demasiado rígidos, demasiado altos, y demasiado distintos. No se alinean con los deseos y las necesidades del Self Experiencial, ni se adaptan a las circunstancias presentes. El Crítico empieza a retroceder, ablandándose en compasión y preocupación por el Self Experiencial. El Crítico se desprende de, o revisa, sus estándares y valores, y cambia sus expectativas y demandas hacia el Self Experiencial. Empieza a escuchar al Self Experiencial de una manera que no lo había hecho antes. Empieza a tomar en serio las preocupaciones del Self Experiencial, tal vez por primera vez. El Crítico se da cuenta de que está bloqueando y perjudicando al Self Experiencial. Reconoce los talentos, las pasiones, las fortalezas y la unicidad del Self Experiencial. Acoge sus limitaciones e imperfecciones, trabaja con ellas en vez de tratar de eliminarlas. El Crítico experimenta un cambio en su sentido del self; a menudo se siente menor en tamaño y menos poderoso. Habitualmente, se sigue sintiendo importante, pero ya no tanto. El Crítico se siente a menudo aliviado al ya no tener que trabajar tanto. De ser dominante, se vuelve colaborador.

Una vez que el Crítico se da cuenta de que el papel que desempeñaba en la vida del Self Experiencial, ya no es apropiado, o ya no es relevante, se da por vencido y suelta. A medida que el Crítico reconoce las fortalezas emergentes del Self Experiencial, ya no necesita protegerlo ni motivarlo de la misma manera. El Crítico puede simplemente "irse", liberando la energía que había invertido en atacar al Self Experiencial. Ahora esa energía está disponible para que el organismo viva la vida de manera positiva.

A medida que aumenta el respeto del Crítico por el Self Experiencial, deja de ser su adversario, y se vuelve su partidario. El lenguaje verbal y no verbal del Crítico cambia al empezar a fusionarse con el Self Experiencial, indicando que el cambio está ocurriendo.

Ejemplos:

a) Crítico: (al SE) No sé cómo estar contigo, pero quiero aprender.

b) Crítico: (al SE) Lo siento, he sido terrible contigo.

c) Crítico: (aliviado) ¡Uf! Ya no tengo que hacerme esto a mí mismo.

d) Crítico: (al SE) Si no te hago esto, ¿qué sucederá conmigo?

e) Crítico: (al SE) Veo que te estás haciendo más fuerte, y eso me asusta.

f) Crítico: (al SE) Me siento realmente cansado de hacer eso. Estoy agotado.

g) Crítico: (se sienta) Me siento más pequeño aquí, y él (el SE) se ve más grande.

h) Crítico: (desanimado) Ya no soy necesario.

El Self Experiencial cambia

A medida que el Crítico retrocede, el Self Experiencial puede empezar a surgir. Una vez que el Self Experiencial se siente escuchado y validado por el Crítico, empieza a aceptar su propia fortaleza y habilidades. Construye sobre ellas. El Self Experiencial desarrolla su propia voz y habla por él mismo. Es mucho más fácil para el Self Experiencial accesar a los recursos que no había utilizado -recursos que no hubiera podido desarrollar estando bajo el dominio del Crítico-. El apoyo y la validación del terapeuta a lo largo del proceso facilitan aún más que el Self Experiencial desarrolle todo su potencial.

Un Self Experiencial que tiene mayor confianza y que es emocionalmente más fuerte, puede evolucionar a pesar de un Crítico duro. Puede valerse de su propia energía interna y de su propia creatividad para bloquear las conductas hirientes del Crítico y protegerse a sí mismo. La energía que empleó al defenderse de la energía hiriente del Crítico ya no es desperdiciada; queda disponible para que el Self Experiencial pueda cambiar aún más. Cuando un terapeuta aboga por él, la energía añadida ayuda a que el Self Experiencial se sienta parte de un equipo, ya no solo.

El lenguaje verbal y no verbal del Self Experiencial cambia a medida que empieza a fusionarse con el Self Experiencial, indicando que el cambio se está produciendo.

Ejemplos:

a) *(SE): (su rostro se ilumina) Me sorprende lo fuerte que me siento ahora.*

b) *(SE): (incorporándose) Me siento más grande ahora (pausa) y que me vuelvo más sólido.*

c) *(SE): (al Crítico) No pareces tan peligroso ahora.*

d) *(SE): (al Crítico) Adelante. Intenta menospreciarme. Ya no me afectas.*

e) *(SE): (al Crítico Duro) Me siento extrañamente calmado y no afectado por ti. Bien.*

f) *(SE): (detrás del Abogado) Me siento seguro. Raro -nunca antes me había sentido así-.*

g) *(SE): (detrás del Abogado) Siento alivio. (pausa) Ahora me puedo relajar, tan cansado (pausa). No me había dado cuenta del impacto que tenía el Crítico en mí.*

h) *(SE): (al Crítico) Siempre he dejado que me mangonees, ¡pero ya no más!*

Fusión

La Fusión en el Trabajo con Dos-Tús es el punto en el cual las dos partes que cambiaron empiezan a reunirse. *Consiste en la unión.* La Fusión es el punto en el que el atolladero finalmente empieza a ceder, y el agua empieza a fluir libremente, uniendo de nuevo los dos cuerpos de agua separados. La Fusión en la terapia es el proceso de cambio; los aspectos del self empiezan a desplazarse y a desbloquearse de sus antiguas posiciones para que el flujo natural de energía de la persona, que está siempre presente, tome el control y reúna de nuevo a los "selves" separados. Normalmente hay muchos cambios pequeños antes de que el gran cambio ocurra.

Factores que influyen en el cambio

Buena disposición

Al entrar a terapia, algunas personas están más listas que otras para que ocurra el cambio. Algunas personas han considerado por meses o años ver a un terapeuta, y finalmente deciden buscar ayuda. Para otros, su vida ha entrado en crisis por haber perdido un trabajo, por una ruptura sentimental, un accidente, enfermedad, muerte de algún ser querido, o algún otro factor estresante. El orden habitual en sus vidas ha entrado en caos, y buscan ayuda para lidiar con él.

Las personas están motivadas a cambiar cuando hay mucho en juego, y debido a que a la mayoría de las personas le desagrada el cambio, tienden a aferrarse a lo familiar. Cuando lo familiar se ve amenazado, como cuando un cónyuge quiere terminar con el matrimonio, las personas suelen hacer cambios a los cuales antes se resistían.

Nivel de daño emocional

> *Cuando las personas tienen acceso a sus recursos internos en la terapia o a través de acontecimientos de su vida, cambian. No cambian por una decisión consciente, sino porque ahora son distintos, así que se comportan de distinta manera.*

Cuando niños, algunos adultos sufrieron más trauma y abuso en sus vidas que otros. El abuso puede consistir en algo que se les hizo que no debió haber sucedido, como golpizas, gritos, sustos, humillación, rechazo, e insultos. Puede también consistir en algo que no se hizo por ellos, por negligencia o deprivación. Los niños necesitan recibir lo básico -ropa, comida y refugio-. Necesitan ser amados, aceptados, validados, protegidos, etc. Necesitan un contacto sano, tocar y ser tocados. Cuando los niños no reciben estos satisfactores básicos, sufren daño físico y emocional. Mientras más extenso sea el daño, más difícil y más largo será el proceso de sanación.

Aún puedo tener una buena vida

Trabajé con una clienta que había sido abusada sexualmente. Durante la terapia, que incluía mucho Trabajo con Dos-Tús, ella hizo muchos cambios, y su vida cambió de muchas maneras positivas. Después, por un largo tiempo, se atoró. Parecía no haber razón para ello. Continuamos trabajando a través de esta difícil etapa. Un día, después de varios meses de trabajo duro y desmotivante, llegó a la sesión eufórica. Me contó un sueño reciente.

Sueño

Estoy sosteniendo en mis brazos a un animal que fue severamente herido. Aunque se había recuperado, estaba gravemente herido. Me doy cuenta de que aún cuando este animal se encuentra muy lastimado, aún puede tener una buena vida.

El animal del sueño simboliza su propio self dañado. En algún lugar dentro de ella, se creó la falsa idea de que al haber sido herida por el abuso sexual, no podría tener una buena vida. La parte de ella que estaba convencida de que era imposible detenía a su parte que estaba fuertemente motivada a sanar y crecer. El sueño representó un gran avance. Después de eso, ella empezó a avanzar de nuevo y a recuperar su vida.

Resistencia y recuperación

Distintas personas responden de distintas maneras a las mismas situaciones y eventos. Algunos niños y adultos luchan por superar circunstancias difíciles de su infancia/adultez, mientras que otros se dan por vencidos y permanecen como víctimas. Algunas personas se recuperan de la adversidad más fácilmente que otras. Algunas personas son capaces de encontrar el humor en la vida, y eso les ayuda a enfrentar y superar la adversidad.

Perspectiva

Las personas le dan distinto sentido a las mismas situaciones y eventos. Lo que puede ser devastador para uno, puede ser visto como una oportunidad para otro.

La alianza terapéutica

Una alianza terapéutica sólida puede proporcionar experiencias positivas en una relación, que resulten nuevas para los clientes. Sentirse conectado con y aceptado por el terapeuta provee al cliente del soporte necesario para hacer frente a los sentimientos y las sensaciones dolorosas y atemorizantes implícitas en la sanación y el cambio.

Indicadores de cambio

Lenguaje

El terapeuta sabe que la fusión está ocurriendo porque el lenguaje del cliente empieza a cambiar. Su lenguaje indica que percibe las cosas de otra manera al tener distintos sentimientos y nuevas experiencias.

Acciones

Un indicador importante de que el cambio ocurrió, es la conducta del cliente. El cliente hace la transición de hablar acerca de hacer cambios, a realmente cambiar su vida. Ya no está atorado. Ha cambiado, y lo que dice se traduce en conductas. Empieza a hacer planes y a llevarlos a cabo.

Sueños

Cuando la terapia es efectiva, y el cliente está cambiando, es más susceptible de recordar sus sueños. Los sueños a menudo cambian, de versar sobre temas negativos (perseguido, atascado, atrapado, etc), a centrarse en temas positivos, como volar, abrirse camino, éxito, superar, etc. La muerte y la temática en torno a la muerte indican que el cliente está soltando su viejo self. Nueva simbología se presenta también. Los embarazos, dar a luz, bebés, niños pequeños -todos indican que el cliente está desarrollando o ha desarrollado un nuevo sentido del self-.

Ejemplos:

Cliente: al trabajar con su conflicto en torno a su relación

Me sorprendí a mí mismo anoche. Mi novia y yo tuvimos otra gran pelea, pero en vez de ir sobre lo mismo de siempre, me salí. No lo planeé; simplemente sucedió. Me siento tan aliviado.

Cliente: al trabajar sobre la posibilidad de mantenerse firme frente a los demás, especialmente la autoridad.

Mi jefe me dijo que recibió órdenes de sus superiores de pedirme que hiciera algo que iba en contra de lo que considero correcto. Normalmente, me lo hubiera tragado, y lo hubiera hecho, y luego me habría sentido molesto y enojado. Me hubiera castigado a mí mismo por no haber defendido mis creencias. Pero esta vez, le dije que no estaba de acuerdo, y le dije por qué. Lo comentó con sus superiores y, para mi sorpresa, me escucharon.

Cliente: al trabajar una lucha de poder en las relaciones.

La semana pasada, tuve la típica pelea con mi hijo de 16 años sobre si ir a la fiesta por las drogas que ahí había. Después de un día, me di cuenta de que yo podía cambiar. Regresé con él y le dije que no podía impedir que fuera o que consumiera drogas, pero que esperaba que no lo hiciera porque realmente me importaba. Más tarde, alcancé a escucharlo mientras hablaba por teléfono, y les decía a sus amigos que no tenía dinero [para las drogas] para ir. Se quedó en casa y jugó videojuegos. Le hice sus botanas favoritas y nunca volvimos a mencionar nada al respecto.

Cliente: al trabajar sobre la falta de competencia.

Tomé un curso de motocicleta en Los Ángeles. Siempre había querido hacerlo. De todos los que tomamos el curso, fui uno de los 3 mejores. Bastante bien para alguien a quien toda su vida llamaron torpe.

Cliente: al trabajar por alcanzar su potencial como hombre adulto.

Fui a visitar a mi papá, que sabe cómo estoy batallando con mi trabajo ahora. Como siempre, me criticó y me dijo qué tenía que hacer. Normalmente, lo hubiera absorbido y me hubiera enfurecido por dentro. Esta vez, le dije que lo que me estaba diciendo no me ayudaba. Dejó de hacerlo. No pensé decirlo; simplemente se me escapó. Fui capaz de hacerlo por lo que hicimos aquí (Trabajo con Dos-Tús) -trabajando mis asuntos con él-.

Cliente: conflicto en curso sobre el cambio de trabajo.

El jueves pasado, por alguna extraña razón, tomé el teléfono y hablé con un amigo mío del colegio. No había hablado con él en años. Nos pusimos al tanto sobre nuestras vidas. Me habló de un puesto en su compañía. No puedo creer que yo haya hecho esto, pero tan pronto como colgué con él, llamé a la compañía para preguntar sobre el puesto. Tengo una entrevista la próxima semana.

Cliente: en la lucha por elegir profesión

[Pesadilla al inicio de la terapia] Me encuentro de pie paralizado al final de un oscuro túnel. Hay un enorme perro agresivo al final del túnel. No puedo moverme. [Pesadilla después de unas semanas] Estoy siendo perseguido por hombres de piel oscura encapuchados.

Se acercan cada vez más, pero no me atrapan. [Pesadillas después de unos meses] Estoy corriendo por las calles oscuras intentando huir de criminales que me persiguen. Paso por esta casa. Hay una mujer maternal dentro cargando a un bebé. Sigo corriendo, y el sueño termina. No logran atraparme. [Sueño al final de la terapia] Estoy en un aeropuerto privado con un piloto español. Me está llevando en helicóptero en un tour por la ciudad.

Al principio de la terapia, la pesadilla muestra cómo el cliente está paralizado en su vida. Su fuerza y su energía operan en su contra. A mitad de la terapia, la pesadilla indica que el cliente ya no se paraliza por el terror. Es capaz de moverse ahora. Aún cuando está siendo perseguido, no logran alcanzarlo. La mujer representa a la terapeuta que le ayuda, y el bebé representa a su nuevo self, del cual aún no se apropia. Al final de la terapia, el sueño indica que el cliente ha establecido una alianza consigo mismo; no obstante, esa parte de sí mismo aún le es ajena. Su self piloto le está ayudando a tomar perspectiva de su vida.

Mis sesiones favoritas son aquellas en las que los clientes están cambiando, especialmente si hemos trabajado duro y por mucho tiempo para superar el impasse. Me cuentan las cosas que han hecho y cómo las han hecho. Me cuentan de los nuevos sentimientos que experimentan y de cómo sus relaciones cambian para bien. Adoro ver lo bien que se sienten consigo mismos -su dicha por lo que han cambiado y por lo que están logrando-. En esos momentos, escucho, felicito, valido, me río, apoyo, aplaudo y, por lo demás, disfruto su éxito. Nos sentimos como un equipo y disfrutamos de la conexión. No se siente como trabajo.

Los efectos secundarios de la terapia productiva

Así como la medicina tiene efectos secundarios, los cambios terapéuticos también los tienen. Los terapeutas saben que sus clientes están en la etapa de Fusión cuando reportan o comentan sus experiencias. Los clientes me han dado retroalimentación tras salir de mi consultorio. Sin duda no después de cada sesión, pero sí después de aquellas sesiones intensas con mucho movimiento emocional.

Ejemplos:

a) Salí flotando de tu consultorio.

b) No recuerdo haber salido de tu oficina la sesión pasada. Recuerdo que me hablaste al final de la sesión la semana pasada, pero no recuerdo nada de lo que dijiste.

c) Estuve aturdido por varias horas después de la última sesión.

d) Estuve como abstraído por un par de días tras la última sesión.

e) Me empezó un dolor de cabeza en la sesión, y siguió por varias horas.

Toda esta retroalimentación es positiva. Indica que durante la sesión, el cliente estuvo en la parte de su cerebro que experimenta la sanación, y continuó ahí un tiempo después de la sesión.

Con frecuencia, el cliente queda en un estado de aturdimiento o desconcierto hacia el final de la sesión. Cuando esto sucede, significa que el cliente aún está en la parte de su cerebro que experimenta la emoción y no ha regresado a la parte de su cerebro que piensa, razona y analiza. Quedarse en este estado por un tiempo prolongado es benéfico y productivo, ya que las dos distintas partes del cerebro tienen más tiempo para procesar la experiencia terapéutica. Ayuda a consolidar el cambio terapéutico.

Recomiendo a los clientes que se tomen un tiempo para permanecer en este estado antes de volver a su vida diaria. Sugiero que se sienten en la sala de espera, en sus autos o en la cafetería de enfrente. Si hay alguna otra oficina disponible en ese momento, he llevado al cliente a ella, y le he pedido que se quede ahí hasta que esté listo para irse. Mi consultorio está a cinco minutos en auto del mar. A menudo sugiero a los clientes que manejen hacia la playa y que simplemente se sienten en su auto y contemplen el mar. Si los clientes no tienen auto, les sugiero ir a caminar o sentarse en la banca de un parque cercano.

Ejemplo:

Abriéndome camino a través de mi muro de contención

En mis treintas hice mucho trabajo personal con sueños. En cierto momento, tras haber revisado varias semanas de sueños, noté un símbolo recurrente: muros de contención. Algunos eran altos, otros bajos, algunos estaban hechos de distintos materiales -madera, piedra, etc.-. En terapia, hicimos algo de Trabajo con Dos-Tús [en ese tiempo se llamaba Trabajo con Dos-Sillas] con mi parte que me "contenía". Después de eso, recuerdo sólo dos sueños más que involucraban muros de contención. Cuando hablo acerca de estos sueños vívidos, siempre pongo mi mano en el corazón, donde experimento el cambio de sentimientos de negativos a positivos.

Sueño: Estoy en el océano al pie de un alto muro de roca

escarpada. Las olas me empujan contra la pared. Me digo a mí misma, "si esto continúa, moriré". De repente, unos peldaños de metal aparecen, formando una escalera en el muro de roca. Escalo y empiezo a platicar con una mujer que se asolea en un camastro.

Sueño: En este sueño, el muro de contención está en el océano y tiene agua por ambos lados. No era usual que tuviera agua por ambos lados. Estoy sola en una lancha de motor manejando hacia el muro de contención. Subo y lo paso por encima. ¿Por qué? No lo sé. Estoy determinada a hacerlo. Me acerco a la pared, y el bote sube. Siento el terror en mi pecho. Hay un muro de agua verde ante mis ojos. Mi lancha se estrella contra la pared y, ¡me muero! Sigo dormida. Entonces me digo, "no se supone que deba ser así". Entonces, regreso al inicio, cuando manejaba hacia la pared. Estoy sola en la lancha de motor, conduciendo hacia el muro de contención. De nuevo, la lancha sube, siento el mismo terror en mi pecho, y la misma pared de agua verde ante mis ojos. Esta vez, ¡lo logro! El sueño termina cuando estoy conduciendo mi lancha en el mar, serpenteando a través de otras lanchas, en el agua tranquila. En donde antes sentía terror en mi pecho, ahora sentía una profunda sensación de paz.

Al día siguiente me sentí más espontánea -haciendo cosas sin pensarlas, diciendo cosas sin pensarlas primero- y me sentí bien. La parte en mí que me retenía había muerto. La parte en mí que me impulsaba hacia adelante, podía ahora avanzar libremente. Si esa parte mía no hubiera muerto, nunca hubiera logrado todo lo que he logrado.

Fusión: cambio espontáneo

En el proceso de Trabajo con Dos-Tús, los dos aspectos del self a menudo se unen espontáneamente. A pesar de que estos grandes cambios repentinos parecen surgir de la nada, son, de hecho, el resultado del trabajo preliminar hecho en la etapa de Oposición. Esto es emocionante tanto para el cliente como para el terapeuta, ya que libera mucha energía.

Cuando los dos aspectos del self de repente se unen, el cliente experimenta un insight importante con nuevas sensaciones y sentimientos. Esto es conocido como el momento "ajá". Los clientes suelen hacer comentarios como "un foco se acaba de prender". A menudo provoca un nuevo sentido del self. Todos los cambios -pequeños, medianos y grandes- son producto de haber añadido más y más información proveniente de conocimientos, sensaciones corporales y conductas. La combinación de pronto provoca el cambio. El cliente repentinamente visualizará las situaciones o los eventos de una manera totalmente nueva. Esta nueva percepción crea nuevas sensaciones corporales y abre nuevas posibilidades de solución que antes no existían.

Durante la Fusión, la calidad de la relación entre las partes del self ha cambiado de negativa a positiva, de hostil a aceptante; de desdeñante a animadora; y de mala a tierna. El rol del terapeuta consiste en poner a los dos "selves" en diálogo y en acción para que los clientes adquieran nueva información mediante la experiencia y el insight.

Ejemplo 1:

(División del Self-vs-Self):

El cliente con trámite de incapacidad laboral en conflicto sobre si regresar o no al trabajo.

Cliente: (como Crítico al SE) Si te estás sintiendo tan bien, deberías de regresar al trabajo. Estás abusando del sistema. No puedes ir por ahí pasándola bien si no estás trabajando y alguien más está pagando las cuentas.

Terapeuta: Cambia de lugar.

Cliente: (como SE) (rompe en llanto)

Terapeuta: (amablemente) Ven aquí y responde a sus lágrimas.

Cliente: (como Crítico, ablandándose) Oh. No me había dado cuenta de que aún no estás lista para regresar al trabajo. Retrocederé y te daré más tiempo. Ahora veo que aún estás recuperándote, y que confundí eso pensando que ya estabas totalmente recuperada.

Terapeuta: Ven aquí y responde.

Cliente: (como SE al Crítico) Menos mal. Me siento tan aliviada de escuchar eso. Es como si me hubieran dado un respiro.

Terapeuta: ¿Hay algo más que le quisieras decir a esa parte tuya?

Cliente: (como SE) No. No, no tengo nada que decir -excepto (al Crítico) gracias-.

Terapeuta: Cámbiate al otro lado. ¿Queda algo más por decir desde este lado?

Cliente: (como Crítico) No. Simplemente no me di cuenta de que no eres tan fuerte como pareces.

Terapeuta: ¿Hay algo más que quiera decir alguna de las dos partes?

Cliente: No. No. Siento que concluí.

Ejemplo 2:

(División del Self-vs-Self)

El cliente en conflicto por no saber si separarse o no de su pareja.

Cliente: (como Crítico al SE) No puedes abandonar el matrimonio ahora -puede ser que te despidan (cambia de lugar por sí mismo)-.

Cliente: (como SE al Crítico) Sigues diciéndome eso una y otra vez. Una distinta razón cada vez. Bueno, (pausa) quiero irme. Estoy listo para irme. Me emociona la idea de irme.

Terapeuta: (señala el otro sitio, indicando al cliente que cambie de lugar)

Cliente: (cambiando a Crítico) Oh. ¡Finalmente! Estoy harto de intentar hacer que funcione. ¡Bien por ti!

Terapeuta: Ve para allá y responde a eso.

Cliente: (como SE al Crítico) ¡Genial! Me alegra que estemos en el mismo barco. Estoy preparado para lo que suceda. No estoy preocupado por el dinero -sé que siempre me será posible conseguir un empleo-. Necesito tu apoyo -ahora más que nunca-.

Terapeuta: Regresa aquí y respóndele.

Cliente: (como el Crítico al SE) Ok. Puedo verlo. Te apoyaré. ¿Cómo puedo apoyarte?

El trabajo continúa al cierre.

Fusión: el cambio negociado

Es genial cuando ocurre la fusión espontánea. Sin embargo, muchas veces el cambio requiere negociación. A medida que se fusionan los aspectos del self, necesitan negociar entre ellos: el cambio. Debido a que las dos partes cambiaron, se encuentran ahora sobre un terreno distinto. Necesitan encontrar la manera de ser distintos el uno con el otro de forma que resulte provechosa para ambas.

Cuando el Crítico se ablanda, el Self Experiencial normalmente no confía en que la nueva forma de interactuar sea genuina. Para el Self Experiencial, el Crítico sólo está diciendo palabras. El Self Experiencial tiene razones válidas para no confiar en el Crítico debido a su historial previo. El Crítico tampoco confía en que el Self Experiencial pueda por sí mismo, porque el Crítico ha sido defraudado muchas veces antes. Ambos necesitan soltar la antigua relación y negociar los cambios que sean funcionales para crear una nueva relación. Esto es, necesitan trabajar uno con el otro para mejorar la calidad de su relación.

El rol del terapeuta consiste en facilitar la negociación. El terapeuta puede ayudar al Crítico a identificar y expresar sus estándares y valores ante el Self Experiencial, y puede ayudar al Self Experiencial a que identifique y exprese sus propios deseos y necesidades ante el Crítico. Con frecuencia, el Crítico admite que necesita ser diferente, pero dice no saber cómo. Parte de la negociación consiste en pedir a ambas partes que prueben nuevas conductas para encontrar una nueva manera de ser con el otro que funcione. El terapeuta acepta a ambas partes sin forzar el cambio. El terapeuta cree que el cliente tiene la capacidad de llegar a generar su propia solución.

Ejemplo:

(División del Self-vs-Self):

El cliente conflictuado sobre si debe o no solicitar un puesto en el trabajo.

Cliente: (como Crítico al SE) Nunca obtendrás ese trabajo. Es demasiado difícil. Estarás lidiando con más de lo que puedes.

Cliente: (como SE al Crítico) De hecho, lo he estado haciendo los últimos nueve meses. Sí, es duro, pero lo hago. Sigues diciéndome que voy a echarlo a perder, que voy a fallar, pero no lo haré.

Terapeuta: (al SE) Dile a esa parte lo que necesitas.

Cliente: (como SE al Crítico) Necesito que retrocedas. Ya es suficientemente duro así, como para que además me estés diciendo que no la haré. Retrocede.

Terapeuta: cambia de lugar.

Cliente: (como Crítico al SE) No sé cómo retroceder. He sido así por más de 20 años, así que no sé cómo ser diferente.

Terapeuta: (al SE) Cambia de lugar. ¿Cómo es para ti escuchar eso?

Cliente: (como SE al terapeuta) Desalentador. Siempre es así. Esa parte de mí nunca cede.

Terapeuta: (al SE) Dile de nuevo qué necesitas.

Cliente: (como SE al Crítico) Necesito que simplemente te sientes y te quedes callado por un rato. Simplemente como que -toma unas vacaciones-.

Terapeuta: (al Crítico) Cambia. ¿Qué quieres responder?

Cliente (como Crítico al SE) Simplemente no sé cómo. Veo que se requiere un cambio. Creo que puedo intentar hacerlo.

El cliente cambia espontáneamente de lugar.

Terapeuta: (al SE) ¿Cómo es para ti escuchar eso?

Cliente: (como SE al terapeuta) Un alivio. Pero no le creo.

Terapeuta: (al SE) Dile eso.

Cliente: (como SE al Crítico) No te creo. Ya me has dicho antes que cederás, y enseguida volviste a estar encima de mí.

Terapeuta: Cambia. (el cliente cambia a la posición de Crítico)

Cliente: (como Crítico al SE) Sí, lo sé. Cuando lo olvide, ¿puedes recordarme?

Cliente: (como SE al Crítico) (cliente cambia sin indicación) Sí, claro. Te diré que te calles.

Terapeuta: (al SE) Ve qué responde a eso.

Cliente: (como Crítico al SE) No. Eso sólo hará que me enoje.

Terapeuta: Cambia de nuevo. Vamos a usar los sentimientos y las sensaciones que ya tienes para que te guíen. ¿Qué es lo que sientes cuando el Crítico está encima de ti?

Cliente: (como SE al terapeuta) Presión en mi pecho.

Terapeuta: (al SE) ¿Hay alguna imagen que lo acompañe?

Cliente: (como SE al terapeuta) Una señal de "alto".

Terapeuta: (al SE) ¿Te serviría imaginar una señal de alto cuando sientas esa presión?

Cliente: (como SE al terapeuta) Sí.

Terapeuta: (al SE) Está bien. Dile que cuando sientas la presión en el pecho, imaginarás una señal de alto. Y verifica si es una forma adecuada de recordarle que se detenga.

Cliente: (como SE al Crítico) Cuando empiece a sentir la presión en mi pecho, me imaginaré una señal de alto. ¿Te servirá eso para recordarte que te detengas?

El cliente cambia de lugar sin que se le indique.

Cliente: (como Crítico al SE) ¡Sí, eso funcionaría perfecto! Me gustaría eso.

Terapeuta: (al Crítico) A partir del trabajo que hemos hecho, sé que te vas encima de él cuando está haciendo algo que te preocupa. Pienso que él empieza a -cómo le llaman- ¿"irse por las ramas"⁹?

Cliente: (como Crítico al terapeuta) Es cierto. Empieza a dudar de sí mismo. Me vuelve loco.

Terapeuta: (al Crítico) Bueno, puede ser que no te guste lo que voy a decir, pero tú eres el que lo hace dudar de sí mismo. ¿Qué es lo que él hace que provoca que empieces a dudar de él?

Cliente: (como Crítico al terapeuta) A veces quiere este trabajo, pero después cambia de opinión y quiere regresar a la escuela.

Terapeuta: (al Crítico) ¿Se podría decir que lo que te frustra es que se la pase cambiando de opinión en cuanto a lo que quiere?

Cliente: (como Crítico al terapeuta) Exacto.

Terapeuta: (al Crítico) Dile eso.

Cliente: (como Crítico al SE) Realmente me frustra cuando te la pasas cambiando lo que quieres. No puedo apoyarte cuando haces eso.

Terapeuta: (al Crítico) Ahora, dile lo que quieres de él.

Cliente: (como Crítico al SE) Necesito que decidas qué quieres hacer y que te apegues a eso. Entonces no tendría problema en apoyarte.

---

9   Nota del T. En inglés "waffling".

Terapeuta: (al SE) Cambia. (pausa) ¿Puedes hacerlo? Dile si puedes hacer lo que te pide que hagas o no.

Cliente: (al terapeuta) Sí, puedo hacerlo. No me había dado cuenta de que lo estaba confundiendo.

Cliente: (como SE al Crítico) Regresa a la posición del Crítico. ¿Qué puedes hacer para dejarle saber que estás confundido?

Cliente: (como Crítico al terapeuta) Podría simplemente decirle que estoy confundido.

Terapeuta: (al Crítico) Sí, sería genial que pudieras hacer eso. (pausa) ¿Hay alguna imagen o algún sentimiento que pueda ayudarte cuando estás confundido?

Cliente: (como Crítico al terapeuta) Bueno, si él imagina una señal de "alto", yo puedo imaginar una rama[10]. (cliente y terapeuta ríen)

Terapeuta: (al SE) Cambia de nuevo. (pausa) Dile si eso estaría bien para ti.

Cliente: (como SE al Crítico) Sería genial si pudieras tan sólo decirme, pero si no puedes, sólo imagina un waffle, y yo entenderé.

Durante el proceso de negociación, me esfuerzo por hacer que las señales que los clientes utilicen provengan del hemisferio cerebral derecho, y no del izquierdo. No hay nada malo en usar palabras como señal. Las palabras como: alto, retrocede, callado, tensión, etc., son útiles, pero no tan efectivas ni tan fáciles de emplear como las imágenes o las metáforas, que son claves propias del hemisferio cerebral derecho. Sé, también, que el hemisferio cerebral derecho del cliente tomará el trabajo que estamos haciendo, y hará un ajuste creativo, tal vez en un sueño.

Noto si el cliente está utilizando imágenes o metáforas y las uso en el trabajo. Si no salen espontáneamente de ellos, les hago sugerencias, con la esperanza de que mis ideas evoquen sus propias imágenes. Si no, les pido que elijan una de mis sugerencias.

Cambio las sensaciones que están teniendo, por señales para cambiar. De ese modo, trabajo con el cliente, en vez de en contra de él, y esto les está enseñando cómo cambiar lo negativo por positivo.

A continuación, un ejemplo de cómo puedo trabajar con un cliente para evocar imágenes y metáforas.

---

10   N. del T. En el original en inglés el símbolo es un "waffle", ya que antes el Crítico había mencionado que "he starts waffling", es decir, que esta parte (el SE) empieza a "irse por las ramas", así que el símbolo equivalente en español sería una rama, pues el SE se "va por las ramas".

Ejemplo:

Trabajando con el cliente para mantener la nueva relación con el self.

Bea: (al SE) En mi experiencia, a menos que desarrollemos una estrategia clara entre ambas partes, cuando tu Crítico se asuste, regresará a el viejo hábito de presionarte. Así que vamos a crear algunas señales para recordar a cada parte que no vuelva a lo anterior, o si ya lo hizo, las señales le ayudarán a encaminarse de nuevo.

Cliente: (como SE) Eso ayudará.

Bea: (al SE) Qué sensaciones experimentas cuando el Crítico empieza a presionarte?

Cliente: (como SE) En mi panza (mano en el estómago). Siempre lo siento en mi panza.

Bea: (al SE) Está bien. Cuando empiezas a sentir la tirantez en tu panza, significa que tu Crítico se ha olvidado y necesita un recordatorio. ¿Qué crees que podría ayudarle a recordar?

Cliente: (como SE) Podría pedirle que se detenga.

Bea: (al SE) Sí, podrías, y eso sería útil. Esa es una señal del hemisferio izquierdo, y es buena. Ahora, agreguemos una señal del hemisferio derecho que puedas usar. ¿En qué imagen o qué metáfora puedes pensar para recordarle?

Cliente: (como SE) No lo sé. (pausa) No puedo pensar en nada.

Bea: (al SE) Bueno, déjame darte algunas ideas. Ahora, lo que me gusta hacer es soltar varias cosas y tú tomas la que mejor te acomode y descartas el resto. De esa manera, me siento libre de hacer sugerencias, sabiendo que te sientes libre de aceptarlas o rechazarlas.

Cliente: (como SE) Seguro.

Bea: (al SE) Por supuesto, estaré encantada si se te ocurren las propias. (pausa) Aquí están algunas ideas: luz roja intermitente, luz amarilla intermitente, un muro de contención, una mano abierta con los cinco dedos extendidos, un trabajador en una construcción dirigiendo el tráfico, estás en una burbuja mágica...

Cliente: (como SE) Sabes, estaba pensando estar en un transbordador. Afuera en la cubierta hay mucho viento, pero en cuanto te metes, está calmado y seguro, aunque aún haya viento afuera.

Bea: (al SE) Ésa es una estupenda. Es una experiencia que ya has tenido, así que es perfecta para esto. Está bien, cuando empieces a sentir esa sensación en tu panza, imagina que entras a la cabina del transbordador. ¿Cómo se siente eso?

Cliente: (como SE) Bien. Me siento calmado.

Bea: (al SE) Ahora cambia al lugar del Crítico y ve cómo es para esta parte tuya. (El cliente cambia de posición)

Bea: (al Crítico) ¿Cómo es para ti? Te has olvidado, y estás haciendo lo mismo de antes. Ahora esa parte tuya se ha ido a la cabina protegida del transbordador.

Cliente: (como Crítico) Está bien. Me ayuda. Sé que está a salvo y protegido de mí, y me recuerda que no debo hacer eso.

Bea: (al Crítico) Bien. Eso va a funcionar. Ahora, te olvidas porque algo ha sucedido que ha disparado la vieja conducta. ¿Qué está sucediendo en ti?

Cliente: (como Crítico) Me preocupa que esté perdiendo el control.

Bea: (al Crítico) Entonces, ¿qué necesitas de esta parte tuya cuando estás preocupado?

Cliente: (como Crítico) No lo sé.

Bea: (al Crítico) Supongo que lo que podrías necesitar es que te confirme que no está perdiendo el control, que está manejando bien las cosas.

Cliente: (como Crítico) Sí. Así es. Necesito saber que está bien.

Bea: (al Crítico) Cambia de lugar y ve si él te lo puede dar.

Bea: (al SE) ¿Puedes darle la seguridad que necesita?

Cliente: (como SE) Claro. Será muy fácil hacerlo desde el interior de la cabina del transbordador. (El terapeuta y el cliente se ríen)

Bea: (al SE) ¿Qué clave del hemisferio derecho podrías usar para hacerle saber que estás bien? (El cliente pone el pulgar hacia arriba)

Bien. ¿Hay algo más que cualquiera de las dos partes quiera decir?

Cliente: No.

Bea: Vamos a sentarnos a procesar esto.

Confiando en el Proceso

El terapeuta llega a confiar en el proceso de Fusión al aprender la teoría, a través de su propio trabajo personal, y al ver los resultados positivos en sus clientes. Los terapeutas aprenden a confiar en que la fuerza de vida innata del cliente se hará presente una vez que el Crítico se suavice y que el Self Experiencial madure. El Crítico necesita ajustar sus estándares y valores. El Self Experiencial necesita tener acceso a sus recursos internos, los cuales modificarán sus deseos y sus necesidades. Existe la tentación, para los terapeutas, de apresurar el cambio apurando al Crítico para que se suavice y presionando al Self Experiencial para que madure. A medida que el terapeuta adquiere más experiencia, guiando el trabajo de manera exitosa en repetidas ocasiones, es más fácil ser paciente.

A veces, al trabajar con un cliente, me impaciento. Sé lo que debe suceder -el Crítico necesita suavizarse- así que intento hacer que suceda en vez de dejar que suceda. En ocasiones, cuando he hecho esto, la siguiente semana el cliente regresa desalentado, quejándose de que el cambio no fue duradero, y sintiéndose un fracaso. Entonces se tiene más trabajo que hacer que antes. Al forzar al Crítico a ablandarse, he añadido una capa extra de conflicto que es necesario trabajar.

Cuando los terapeutas intervienen de manera inapropiada, lo mejor que se puede hacer es tomar la responsabilidad por lo que se hizo. Esto ayuda al cliente de diversas maneras: pueden volver de manera más fácil y rápida al punto en el que estaban antes de la intervención, se culparán menos a sí mismos, y será menos probable que entren en luchas de poder con el terapeuta con respecto al cambio. Asimismo, cuando los terapeutas se equivocan y lo manejan bien, sirven de modelo para los clientes para aceptar que los errores ocurren y cómo corregirlos.

Los clientes llegan a confiar en el proceso al experimentar el cambio positivo a su propio ritmo. Mientras más experimente la diferencia de manera positiva, más creerán que el trabajo es productivo. Mientras más experimenten el trabajo como algo productivo, más se comprometerán con el Trabajo con Dos-Tús. Un círculo de refuerzo positivo se establece y adquiere fuerza.

Retroalimenta a tus clientes sobre su cambio. A menudo los clientes cambian de sesión a sesión frente a los ojos del terapeuta, pero el cliente no se da cuenta de qué tanto está cambiando, si es que lo nota. Es como cuando los padres no ven realmente cuánto crecen sus hijos porque conviven con ellos a diario. Con frecuencia, hago notar a los clientes sus cambios, pues sé que necesitan un espejo para ver el cambio. Les recuerdo la manera en que solían lidiar con las situaciones y comparo sus pensamientos/actitudes, sentimientos y conductas anteriores con las actuales. A medida que los clientes se sienten más cómodos con su nuevo modo de ser, olvidan cuánto han cambiado. Al sostener un espejo de su antiguo modo de ser, pueden compararlo con el nuevo - un modo que se ha vuelto el nuevo "normal"-. Cuando los terapeutas reflejan los cambios a sus clientes, pueden apreciar mejor cuánto han progresado.

Los clientes tienden a enfocarse en el cambio futuro -en cuánto más tienen que hacer o quieren hacer. Entonces se critican a sí mismos por no haberlo logrado y por haber tomado tanto tiempo. Les digo que lograrán el cambio más rápido de modo más sencillo si se enfocan en lo que han conseguido, si se dan crédito por lo que ya han logrado y lo que ya hacen.

Resumen

En esta etapa, los clientes superan el Impasse, y las dos partes del self en oposición se fusionan creando un nuevo sentido del self. Este capítulo habla sobre el cambio terapéutico y sobre cómo un gran cambio está compuesto por muchos pequeños cambios que pueden ocurrir en el transcurso de la terapia; y se señalan factores como la disposición, el grado de daño, la perspectiva, la confianza, y la competencia implícitas en el cambio. Normalmente, los clientes experimentan los cambios a través de un insight, ya sea dentro o fuera de la sesión. Sin embargo, para los casos en los que el cambio no ocurre de manera espontánea, este capítulo guió al terapeuta sobre la manera en que es posible negociar el cambio terapéutico.

Capítulo Nueve
Un nuevo sentido de Self

Un cambio en el sentido[11], es un cambio en el ser. -David Bohem

El trabajo fuerte de Oposición y Fusión han sido completados. La Integración es la etapa final del Trabajo con Dos-Tús, y el principio del cierre de la terapia. Este capítulo describe la Integración -cómo ocurre, cómo es vivida por los clientes, y cómo difiere de la confluencia-. También se discute el papel del terapeuta durante esta etapa, que consiste en ayudar a los clientes a encontrar el sentido de los cambios y a darles apoyo durante la experiencia. El cierre ocurre naturalmente cuando los aspectos alienados del self son contactados e integrados al self. Cuando no hay más conflictos internos que aparezcan en primer plano, los clientes empiezan a finalizar la terapia.

Integración

La integración es la etapa final del Trabajo con Dos-Tús; es el resultado o la consecuencia lógica de la Fusión, y la consolidación de todo el cambio que se llevó a cabo. No hay partes del self luchando entre sí, como sucede en la primera etapa. El cliente es ahora una persona unificada, completa, con una relación constructiva consigo mismo. Sus estándares y valores están alineados con sus

> *Integración:*
> *La organización de los*
> *elementos esenciales*
> *de la personalidad en*
> *un todo coordinado y*
> *armónico.*

deseos y necesidades. Su energía vital fluye en la misma dirección. Al ser claro consigo mismo, es capaz de interactuar eficazmente con otros. Pasar por las etapas de Oposición, Fusión e Integración, ha provocado un nuevo sentido del self que se percibe sólido y con fundamento. El cliente es menos calculador y más espontáneo; piensa menos, vive más el momento; ocupa menos tiempo en hacer y más en ser.

El nuevo sentido del self trasciende los aspectos en oposición. La persona que temía perder el control, ahora ya no tiene problemas con el control. Ya no se enfoca en eso, quedando libre para vivir la vida tal como quiere. La persona que tenía pavor de ser lastimada en una relación, percibe el dolor como algo que puede tolerar y de lo cual puede reponerse. Ya no evita las relaciones porque sabe que, cuando lo hieren, puede superarlo. Esto le permite entrar en las relaciones que elija. Le permite

---

11   N. del T. Se refiere a "sentido" como significado.

> *La integración parece surgir de la nada, pero no es así. Se presenta debido a muchos cambios previos.*

interactuar de manera distinta con sus hijos, con su jefe, con sus colegas, con sus amigos y con otros.

La integración parece surgir de la nada, pero no es así. Se presenta debido a muchos cambios previos.

El nuevo sentido del self no es una nueva personalidad, sino que las personas se vuelven más quienes, en esencia, son. Están en contacto consigo mismas. Su mente y su cuerpo se sienten en conexión. Están más conscientes, maduras, sabias, aterrizadas, calmadas, divertidas y graciosas. Son más capaces de actualizar su potencial.

La diferencia entre Confluencia e Integración

La Confluencia y la Integración pueden llegar a confundirse, porque se asemejan. Ambas constituyen una unidad, pero las características y la calidad de la unidad son profundamente distintas. Cuando el Crítico culpa al Self Experiencial, y el Self Experiencial está de acuerdo, los dos aspectos del self se enredan entre sí; no existe diferenciación entre ellos. Se puede pensar erróneamente que esto es Integración. La energía de un aspecto del self absorbe o toma el control sobre la otra, dominándola. El cambio saludable se bloquea. Cuando el Crítico se vuelve Apoyador y valida al Self Experiencial, los dos aspectos del self trabajan como uno solo; se complementan uno al otro. La energía del self se alinea, fluye en la misma dirección. El cambio saludable ocurre de manera natural.

A continuación se presenta un cuadro que ayuda a diferenciar entre ambos conceptos.

CONFLUENCIA	INTEGRACIÓN
Metáfora: madejas de estambre enredadas	Metáfora: tapiz tejido
Los sentimientos del cliente	**Los sentimientos del cliente**
Confusión	Claridad
Indeciso	Decidido
Desgarrado y conflictuado	Completo/ unificado
Sensación de estar en pausa	Sentido de dirección
Atascado	Movimiento
Inacabado	Acabado
Desalentado	Esperanzado
Se siente mal consigo mismo	Se siente bien consigo mismo
Lenguaje del cliente	**Lenguaje del cliente**
Estoy confundido	Sé lo que debo hacer
No encuentro solución	Está claro para mí
Estoy fregado	Veo las cosas de otra manera ahora
No puedo continuar	Estoy viviendo la vida
Nunca llegaré a ningún lado	Lo que debo hacer me parece obvio ahora
Ya no sé quién soy	Tengo un nuevo sentido de mí mismo
Conducta del cliente	**Conducta del cliente**
Agitación	Calma
Deflecta	Lidia con los asuntos
Serio/carente de humor	Sentido del humor, risa
No termina lo que empieza	Termina lo que empieza
Repite viejas conductas	Practica nuevas conductas
Conductas de auto-derrota	Conductas de auto-valoración

Polvo de plata

El trabajo de **Marje** *en terapia se enfocó en su conflicto en torno a si debía seguir en su matrimonio o no. A partir de una serie de sesiones de trabajo con Dos-Tús, que se enfocaron en su* *sensación de sofoco, llegó a la conclusión de que, para sobrevivir emocionalmente, necesitaba abandonar su matrimonio. Ella estaba terminando un curso de masaje y no quería marcharse hasta haberlo concluido. Tras haber llegado a esta decisión, tuvo un sueño que trajo a terapia.*

Sueño: un sobre abierto con polvo de plata brillante saliendo de él. Dijo que la magia y el poder que ella tiene para afectar de manera positiva la vida de los demás, deben ser liberados. Finalmente, cuando fue el tiempo adecuado para ella, terminó su matrimonio.

La experiencia de Integración

Las personas a menudo experimentan la Integración como un insight. Estos insights pueden ser pequeños o masivos, y se experimentan a nivel mental, emocional o físico. A nivel mental, la percepción de las personas, cambia. Encuentran un nuevo sentido, visualizan el panorama general, y pueden cambiar sus creencias. Ven nuevas posibilidades que antes no existían. Como un rompecabezas, su mente va uniendo muchas piezas. Reúne información tanto del pasado, como del presente, vincula experiencias, conecta sentimientos y detecta patrones. La mente asimila toda esta información y experiencia, creando un nuevo sentido que trasciende el anterior. Cuando un niño es pequeño, no tiene un self adulto; carece de conocimiento y experiencia. Pero un adulto tiene un self niño, de hecho, varios "selves" niños de distintas edades. Cuando un adulto ve hacia atrás con su conocimiento y su experiencia actuales, a menudo da otro significado a sus experiencias pasadas. La nueva percepción tiene impacto en el Crítico y el en Self Experiencial, lo cual genera un cambio. Cuando un adulto explora los eventos de su pasado, a menudo obtiene más información acerca de sí mismo, de la familia, y de los amigos, lo cual puede cambiar o validar ese significado.

A nivel emocional, los clientes sienten nuevas emociones, como liberación, alegría, felicidad, sorpresa, entusiasmo, conmoción, determinación y renuncia. La risa es común durante y después de la Integración. A menudo hay un aspecto agridulce en estas emociones. Los clientes pueden sentir viejos sentimientos como tristeza, pérdida, aflicción, alivio y cansancio, pero de un modo distinto. A nivel físico, experimentan nuevas sensaciones en su cuerpo, tales como cosquilleo, ligereza, apertura, y un alivio en la carga/presión. Hay un sentido de vivificación en esas sensaciones.

En la Integración no hay conflicto interno. Después de la Integración, hay cambios conductuales. A lo largo de la Integración, las decisiones se precipitan. Son decisiones fuertes, sólidas que se mantienen. Las personas hacen los cambios que necesitan hacer aún cuando sea difícil. Debido a que la Integración crea nuevas posibilidades, es más fácil actuar. Las personas empiezan a llevar a cabo acciones en su vida. A veces, los clientes simplemente notan que se sienten distintos y que son espontáneos de un modo saludable y natural. Actúan a partir de la síntesis de la razón y la emoción; de la lógica y los sentimientos. La cabeza y el corazón trabajan como uno solo. Tomar decisiones sopesando los pros y los contras no está mal; es sólo una manera de ver las situaciones. Es muy distinto tomar decisiones sopesando pros y contras utilizando la lógica y la razón, ignorando la parte del self que siente e intuye. La Integración permite a la persona tomar una decisión sólida, porque sus estándares y valores se alinean con sus deseos y necesidades. De nuevo, la cabeza y el corazón trabajando como uno solo.

Encontrando el sentido del Trabajo

Los clientes están continuamente encontrando el sentido de sus vidas y de sus asuntos. Vienen a terapia con la dificultad del momento. Su historia es el significado que le han dado a sus experiencias, situaciones y circunstancias. Durante el trabajo, y especialmente después de resolver exitosamente un conflicto interno, los clientes necesitan expresar y explorar el nuevo sentido.

A lo largo de todo el proceso, el cliente tiene una necesidad y un deseo naturales de encontrarle el sentido al traba-

> *Aunque uno no pueda cambiar las circunstancias y los acontecimientos del pasado, sí puede cambiar la forma de ver dichas circunstancias y acontecimientos. Cuando uno le da un nuevo sentido a los viejos acontecimientos, uno se siente distinto, lo cual genera un cambio en el presente, y crea nuevas posibilidades para el futuro.*

jo, pero especialmente después de la resolución exitosa de un conflicto interno. El cliente está luchando por encontrar el sentido de su vida para poder tomar decisiones con base en éste. Cuando se presenta la Integración, ocurren cambios importantes. El antiguo sentido que el cliente tenía, desaparece; ya no aplica. El cliente necesita encontrar un nuevo sentido. Tiene una nueva perspectiva, nuevos sentimientos, nuevas sensaciones y nueva información. Algo de la información puede ser vieja, pero es vista de una manera nueva. Este es el valor de trabajar con el pasado -aunque no puedas cambiar las circunstancias y los eventos pasados, puedes cambiar la manera en que visualizas esas circunstancias y eventos-. Cuando los ves de manera distinta, cambias en el momento. Cambiar la manera en que ves y sientes con respecto al pasado, tiene fuertes implicaciones en las decisiones que tomarás hoy, mañana y el resto de tu vida.

Siempre que se presenta un cambio, las personas necesitan encontrar el sentido del cambio. Al final de una porción de Trabajo con Dos-Tús, los clientes por lo general querrán hablar acerca de lo que el trabajo significó para ellos. Querrán hablar sobre lo que cambió para ellos, sobre cómo ven las cosas de otra manera, y sobre cómo se sienten distintos. Es una respuesta natural ante el cambio.

Las personas están entusiasmadas con los nuevos significados y posibilidades, y se enfocan en ellos. Empiezan a llevar a cabo acciones, en vez de simplemente hablar acerca de llevar a cabo acciones. Empiezan a hacer en su vida los cambios necesarios. Manejan los cambios, aún cuando los encuentren difíciles, atemorizantes, dolorosos, emocionantes, etc. Al no estar ya en pausa, viven la vida, la abrazan y avanzan. Se ríen con frecuencia.

Ejemplo: La mujer que tenía miedo de estar enloqueciendo

Sandy acababa de regresar de México, donde pasó sus primeras vacaciones sola. La pasó muy bien. Disfrutó de haber estado sola. No había expectativas ni demandas que recayeran sobre ella. Hacía lo que quería hacer y sentía cualquier emoción que surgiera. Cuando surgía una emoción, positiva o negativa, ella simplemente se permitía sentirla, y respiraba a lo largo de ésta. Se sentía libre de ser ella misma. Describía su nueva manera de ser el mundo como "de alguna manera el universo está dentro de mí, y mi mente está conectada a él. Ahora estoy segura de que no tengo una enfermedad mental y de que no voy a desarrollar una. Simplemente puedo disfrutar de quién soy." Para ella, las vacaciones fueron estupendas, deseaba haber podido tener más tiempo.

No siempre fue así para Sandy. Cuando Sandy llegó a terapia, después de haber consultado a varios terapeutas, estaba muy ansiosa, luchando por manejar sus emociones, y con miedo de volverse loca. Ella había tenido una relación tensa con su madre toda su vida. A pesar de que siempre tuvo amistades sanas, recreaba los conflictos con su madre en sus relaciones románticas. Esto generó muchas emociones negativas, que ella siempre luchaba por controlar para no volverse loca.

Sandy y su hermana mayor fueron adoptadas al nacer. La mamá de Sandy descubrió que había historial de enfermedad mental en la familia de la madre biológica de Sandy. Ella siempre tuvo miedo de que Sandy desarrollara una enfermedad mental, pero no le comunicó sus temores a Sandy hasta que creció. Al crecer, la hermana era la "niña dorada" y Sandy era la "niña problema". Sandy pasó su vida luchando en vano por ser querida y aceptada por su madre. La lucha de Sandy y su conducta difícil alimentaban los temores de su madre de que pudiera desarrollar una enfermedad mental.

Sandy no pudo satisfacer sus necesidades de amor y aceptación de niña, y esto la hizo sentirse angustiada la mayor parte del tiempo. Sandy podía ver que, aún cuando su hermana había sido también adoptada, su mamá la aceptaba y la quería, la trataba como la niña perfecta que no podía hacer nada mal.

En terapia, Sandy aprendió que ella se asustaba a sí misma. A través del Trabajo con Dos-Tús, aprendió que había internalizado los temores de su madre con respecto a desarrollar una enfermedad mental. Ahora ella se hacía a sí misma lo mismo que su madre le hacía cuando niña (y que se lo seguía haciendo de adulta). Cuando sentía una emoción, se asustaba y empezaba a pensar que estaba enloqueciendo; mientras más temía estar volviéndose loca, empeoraban los sentimientos, lo cual representaba para ella una prueba de que se estaba volviendo loca, lo que le hacía comportarse de modo histérico. Sufría dolores de cabeza que aumentaban su preocupación de estar enloqueciendo.

En el Trabajo con Dos-Tús, se dio cuenta de lo que se estaba haciendo a sí misma y de cómo se lo hacía. Fue capaz de detener a su Crítico Interno y que dejara de asustarla con la posibilidad de desarrollar una enfermedad mental, lo cual permitió que su Self Experiencial lograra su potencial. Su Self Experiencial aprendió a no dejar pasar los pensamientos del Crítico sobre sus emociones, y a dejarla, mejor, sentir sus emociones. Aprendió a procesar sus sentimientos quedándose con ellos y respirando a través de ellos. Esto le trajo una sensación de control a su vida y provocó una nueva manera de ser en el mundo. Su Crítico se volvió Apoyador al decirle que estaba bien, y recordándole que se quedara con sus emociones y que respirara mientras duraran. Un nuevo sentido del self surgió -sensible, cuerdo y digno de ser amado-.

Aún no podía obtener de su madre el amor y la aceptación que quería, pero ahora ella podía amarse y aceptarse a sí misma. Se *apoyó también en el amor y la aceptación de todos sus amigos para aumentar esa sensación de ser digna de ser amada. Era libre de vivir su vida del modo en que ella quisiera, en vez de estar sólo enfocada en no enloquecer.*

Colaboración

Tanto el cliente como el terapeuta están involucrados en el proceso de encontrar sentido. Es como cuando los mejores amigos platican en un café sobre los eventos y los cambios significativos en sus vidas. Los mejores amigos se preocupan uno por el otro; aceptan idiosincrasias e imperfecciones mutuas. Conocen la historia del otro. Tienen en cuenta lo que en verdad es mejor para el otro y disfrutan ayudándole a encontrar el sentido de su vida.

En cierta forma, la terapia es así. El terapeuta se preocupa por el bienestar del consultante, y el cliente lo sabe. Pero lo que es más importante es que el cliente se siente valorado por el terapeuta. Por supuesto que hay muchas diferencias entre lo que ocurre entre mejores amigos que comparten sus vidas, y lo que ocurre entre el terapeuta y el cliente en terapia. En terapia, la mayor parte de lo que se comparte es en un solo sentido -el cliente comparte su vida con el terapeuta-. El terapeuta comparte muy poco de su vida con el cliente. Lo que el terapeuta comparte en sesión son los pensamientos, emociones o experiencias que se conectan con la relación entre ellos y con el trabajo del cliente. Otra gran diferencia es que lo que se discute entre el terapeuta y su consultante es confidencial, creando así un entorno seguro en el cual el cliente puede explorar preocupaciones y problemas profundos. Mantener la confidencialidad puede ser un problema para los amigos y familiares.

Cuando la Integración es espontánea, el cliente quiere hablar del nuevo significado de su experiencia y de cómo lo traduce en su vida. Experimenta entusiasmo. Necesita que el terapeuta actúe como caja de resonancia para su experiencia y su percepción. Quiere que el terapeuta responda preguntas y le explique qué es lo que sucedió. A menudo, los clientes no confían en que ese nuevo sentido de self pueda ser duradero. El rol del terapeuta consiste en validar su escepticismo y asegurarles que, con el tiempo, confiarán en que ese nuevo self se quedará.

Los clientes saben y sienten que los límites profesionales están ahí: se sienten protegidos por ellos del mismo modo en que los niños confían en que sus padres les pondrán límites apropiados. La relación de terapia es una relación íntima, no-sexual. Existe una conexión entre el cliente y el terapeuta. El terapeuta disfruta al ver el crecimiento del cliente y satisface sus propias necesidades de ayuda y competencia con el progreso de su cliente.

Después de la Integración, los clientes experimentan un nuevo sentido del self y empiezan a comportarse de manera distinta en el mundo. De haber estado en pausa, asustados e inseguros, pasan a hacer cambios de manera confiada y a seguir adelante con sus vidas. Disfrutan al compartir sus cambios y éxitos con el terapeuta, dado que él influyó para que éstos fueran posibles. El papel del terapeuta consiste en validar y celebrar los cambios. A veces, el terapeuta señala aún más cambios de los que el cliente alcanza a notar. El progreso es una experiencia compartida. El cliente no está solo en este viaje.

Transformación

Después de la Fusión y la Integración, el cliente es distinto de muchas maneras. Las viejas sensaciones se disipan y desaparecen. El cliente tiene nuevas sensaciones, sentimientos frescos, nuevas ideas, y ha cambiado de perspectiva. El cliente experimenta un sentido de liberación y tiene más energía. Siente alivio en ocasiones mezclado con tristeza y pérdida, que surgen como consecuencia de haber dejado ir o de haberse desprendido del viejo self. Se siente libre para ser él mismo. El cliente se siente más capaz de manejar su vida, más capaz de reconocer sus talentos y habilidades, y de tener acceso a sus recursos internos. Es capaz de tomar riesgos. Los clientes que antes no tenían sentido del humor, o que tenían muy poco, o que eran poco juguetones, empiezan a contar chistes y a ser juguetones. Es como si el self-niño hubiera rejuvenecido. La antigua forma de ser aún está ahí, pero su valencia cambió. Se siente como si se abrazara la forma de ser de antes con compasión, comprensión y aceptación.

El cliente ha trascendido su antigua forma de ser en el mundo. El cliente ha sufrido una metamorfosis y se ha convertido en quien y en lo que es capaz de ser -en la persona que está destinada a ser-. Las semillas germinan. Por años y años, la bellota pudo haber permanecido intacta. Cuando es plantada y las condiciones cambian, la dura cubierta externa se ablanda y la semilla interna empieza a desarrollarse. El brote, aunque tierno y delicado, se abre paso a través del cascarón y de la tierra, y busca la luz del sol, mientras que las raíces se hunden más profundamente en la tierra. ¡Qué poder tan sutil! Ahora la semilla es libre de convertirse en el roble que estaba destinada a ser. No será una margarita ni una conífera. Una planta, criatura o humano evoluciona en las condiciones adecuadas.

Una vez que la Integración es producida, los clientes pueden en verdad "superarlo" -sea lo que sea "eso"-. El sentido ha cambiado y el crecimiento natural del cliente lo lleva a superar las heridas y las dificultades del pasado. Es capaz de asimilarlo en su vida. Ya no recrea en el presente dinámicas de traumas no sanados del pasado. La vida tiene un nuevo sentido y nuevas posibilidades. Ya no hay necesidad ni deseo de mortificarse por el pasado. Esto no niega el pasado ni minimiza lo que el cliente vivió. El cliente sabe que el cambio del presente se construyó sobre el pasado. El pasado es la base sobre la cual se cimentó el presente, por lo que aún tiene valor y mérito. El cliente ahora es libre de fluir, de ser, de vivir su vida como elija. El camino o la senda que el cliente elija puede ser difícil, sin embargo, el sentido personal y el significado hace que valga la pena.

Trabajar con el propio self es como perforar para encontrar petróleo. Hay que pasar por varias capas para hacerse rico. Los clientes a menudo dicen con desesperación, "pero pensé que ya había resuelto esto." Yo respondo, validando: "Estoy segura de que lo hiciste. Ahora estamos llegando a un nivel más profundo." El terapeuta y el cliente pueden tener que trabajar una y otra vez con el mismo conflicto para llegar a la Fusión e Integración finales. Recuerdo la escena de la película "Un Milagro para Hellen[12]", cuando la profesora de Hellen Keller le hace una vez más las señales para la palabra "agua" mientras el agua salía de la bomba. Ella ya había hecho esas señales muchas veces en la mano de Helen. Estaba cansada y desanimada. Helen estaba frustrada, pero esta vez, lo capta. Conecta las sensaciones de la mano con el concepto de agua. ¡Insight! Ahora todo es diferente para ella. Todo su mundo cambió en ese momento. Pero por supuesto, hubo mucho cambio previo para llegar a este insight espectacular. De repente, toda la información que tenía entre sus conocimientos como antecedente, convergió de forma dramáticamente distinta, y se liberó de su mundo de confusión al obtener una perspectiva totalmente nueva. Su existencia anterior cambió para siempre. Le abrió una existencia totalmente nueva, trascendiendo su sordera y su ceguera. No cambió la sordera ni la ceguera, pero cambió su forma de operar en el mundo.

A menudo, los terapeutas necesitan hacer lo mismo -ir con los clientes una y otra vez sobre los mismos conflictos internos de fondo que se manifiestan de maneras muy distintas, hasta que atraviesan el Impasse y lo superan. Entonces, emerge el nuevo self.

Dile adiós a la torpeza

*Toda su vida, **Jake** había sido torpe. Desde que era pequeño, sus padres le decían que era torpe. Tuvo problemas para aprender a andar en bici. Tuvo dificultades para practicar deportes. Lo molestaban mucho sus compañeros porque siempre se estaba tropezando con algo o dejando caer el balón. Se esforzaba por no cometer errores*

12   N. del T. El título original en inglés: "The Miracle Worker"

pensando muy bien en cómo superarlos. Esto lo hacía aún más torpe. Por sus experiencias y lo que le decían, estaba convencido de que era torpe. En terapia, el asunto de la torpeza salía a colación varias veces en muchas áreas de su vida, no sólo en deportes y en actividades. A través del Trabajo con Dos-Tús, se dio cuenta de que tenía una creencia irracional de ser torpe, fomentada por la creencia de otros de que era torpe. Una vez que su Self Experiencial empezó a cuestionar a su Crítico cuando le decía que era torpe, algo distinto empezó a ocurrir. Empezó a realizar actividades y a ser mejor cada vez en ellas. Al principio, era inexperto, no torpe, y con la práctica, se volvió experto. Encontró que no sólo no era torpe, sino que era mucho mejor que varios de sus amigos. Poco a poco, se volvió líder por su habilidad. Esto cambió su percepción de sí mismo en todos los aspectos de su vida. Empezó a realizar actividades en las cuales estaba interesado. Empezó a salir con mujeres hacia quienes se sentía atraído. Se salió de una carrera que nunca le gustó, y empezó una que siempre le había interesado, pero que no se había atrevido a seguir por dudar de sus habilidades.

Terminando la terapia

La terapia consiste en una serie de incidencias de Integración -pequeñas o grandes-. Cuando un conflicto interno es resuelto, surge el siguiente. Cuando no aparece uno nuevo, la Integración está completa, al menos por el momento. No mucho tiempo después, los clientes se retiran de la terapia. Algunos terminan la terapia formalmente, pero la mayoría simplemente sigue con su vida. Están tan ocupados viviendo sus vidas, que no tienen tiempo para terapia. Los clientes suelen espaciar más y más las citas. Muchos clientes me dicen que piensan hacer una cita, pero les toma un tiempo decidirse. Ocasionalmente, los clientes regresan a los 6 meses o más, pero usualmente sólo para lo que yo llamo "una afinación". Otras veces, regresan porque necesitan apoyo durante algún cambio importante que está ocurriendo en sus vidas.

Resumen

La Integración es la culminación del Trabajo con Dos-Tús. Este capítulo definió la Integración y se enfocó en la experiencia del cliente al pasar por esta etapa, y en su interés por encontrar el sentido de los cambios, especialmente, por su nuevo sentido del self. Se discutió cómo los clientes, al haber experimentado la Integración, y ya no tener aspectos alienados del self, ni conflictos internos en un primer plano, de manera natural se preparan para concluir la terapia.

Capítulo Diez

El terapeuta como instrumento.

El terapeuta debe vibrar como un diapasón, no ante su propia historia, sino con la del cliente. Cuando lo hace bien, surgen imágenes y metáforas que capturan la experiencia del cliente de forma más completa de la que se lograría mediante un proceso racional de escucha.
-Anna C. Salter

Este capítulo se enfoca en los múltiples roles que el terapeuta desempeña en el trabajo con sus clientes, incluyendo el desarrollo de una alianza terapéutica. Pero lo más importante es que destaca la manera en que el terapeuta se convierte en un instrumento en el trabajo; al integrar la teoría y las habilidades en su persona, es capaz de usar sus sentimientos, sus sensaciones, sus imágenes y sus metáforas para conectarse con su cliente y guiarlo a lo largo del trabajo. Finalmente, habla de divertirse y disfrutar el trabajo.

El terapeuta como aliado

Así como la alianza terapéutica es importante en toda psicoterapia y *counseling*[13], es también un factor esencial en el Trabajo con Dos-Tús. Una conexión sólida con el terapeuta ayuda al cliente a involucrarse en el Trabajo con Dos-Tús, el cual implica un estilo más activo y físico. Asimismo, debido a que el Trabajo con Dos-Tús puede volverse intenso rápidamente, las fuertes habilidades de relación que tenga el terapeuta pueden apoyar al cliente a lo largo del proceso.

A menudo, los clientes no están acostumbrados a tener una relación sana con alguna persona significativa. De alguna manera, para sus clientes, el terapeuta ejerce la misma función que un padre amoroso, aceptante y apoyador ejerce con sus hijos. Si el cliente no tuvo esta experiencia con su padre cuando niño, estará sufriendo por ese déficit. Es mucho más difícil lograr una manera de ser, cuando no se sabe en qué consiste. Si de niño, un cliente ha tenido experiencias negativas con uno o ambos padres, una relación con una persona de importancia, como el terapeuta, va acompañada ya de una carga negativa. Algunos niños, que no tuvieron una crianza adecuada, son afortunados al tener una relación con un abuelo, tío, tía, profesor o hermano mucho mayor, que les permitió

---

13   N. del t.: El término "counseling" es un anglicismo que en ocasiones se traduce como "consejería" o "consultoría", sin embargo, no siempre estos términos se consideran exactos.

al menos saber cómo es la experiencia. Cuando el terapeuta brinda esta calidad de experiencia a sus clientes, se considera que es correctiva o reparadora -da a sus clientes la experiencia que debieron haber tenido con sus padres, pero que no tuvieron-.

Muchos clientes crecieron en hogares en los cuales sintieron que no hubo nadie a su lado o que no hubo quién los aceptara tal como eran. Al establecer una alianza terapéutica, el terapeuta se relaciona con el cliente de tal manera que el cliente concibe al terapeuta como su aliado, como alguien significativo que ve, acepta y se interesa por el cliente tal como es y que quiere relacionarse con él. El cliente aprende que el terapeuta no lo castigará ni lo atacará si se enoja o si dice algo que no le guste al terapeuta. La seguridad emocional que siente el cliente como resultado de esto, le da la libertad necesaria para experimentar con nuevas conductas con el terapeuta, tales como la autorevelación y la experimentación.

A medida que el trabajo se vuelve más profundo, y lleva a los clientes a territorios desconocidos, ellos necesitan sentirse a salvo en manos del terapeuta. Cuando los clientes sienten seguridad y confianza en el terapeuta, tomarán el riesgo de ir más allá y de profundizar más en la exploración de sí mismos, aun cuando sientan una auténtica preocupación por lo que pueda pasar al hacerlo.

Los clientes necesitan tener confianza en que sus terapeutas pueden lidiar con emociones difíciles. Pueden tener miedo de que descubran que en el fondo son unas personas horribles o monstruos y, con frecuencia, temen estar profundamente defectuosos de alguna manera. Realmente no quieren probarlo. Este trabajo se trata de enfrentar sus peores temores -de dar la cara al lado oscuro del self-. Los clientes a menudo temen perder el control de sus emociones. Algunos clientes también tienen miedo de desintegrarse; esto es, tienen un sostén muy endeble al funcionar en el mundo, y temen que si se vuelven muy emotivos, podrían perder esa pequeña estructura psicológica que han conseguido. Es posible que tengan experiencias y sensaciones que les resulten insoportables. Es posible que revivan recuerdos dolorosos y aterradores. Lo que permite a los clientes expresar completamente sus sentimientos y sus pensamientos es saber que el terapeuta es capaz de lidiar con lo que se le está diciendo. Los clientes necesitan saber que el terapeuta tiene la capacidad de apoyarlos emocionalmente en esos momentos y a través de tales sentimientos.

Ejemplo: No es tan tarde para aprender a amar

Trabajé alrededor de tres años con Simon, un hombre en sus treintas. Fue uno de los 6 hijos de una familia violenta. Su padre le pegaba a su madre y a todos los hijos. Tenía dificultad para relacionarse con las mujeres. Las mujeres que lo elegían usualmente estaban tan dañadas como él, así que sus relaciones eran dolorosas y difíciles. Él no quería vivir, si su vida iba a ser así.

Como a los dos años de haber concluído la terapia, me llamó para referirme a alguien. Me dijo que estaba en una nueva relación que iba bien y mucho mejor que cualquier relación que hubiera tenido antes. Me dijo que no hubiera podido manejar la cercanía emocional de no haber sido por la terapia que tuvo conmigo.

El terapeuta como modelo

Atributos

Tener los siguientes atributos es sano para cualquiera. La idea es que el terapeuta los tenga y los modele para sus clientes. Los terapeutas también pueden enseñar a sus clientes las características y ayudarles a desarrollarlas. Los terapeutas efectivos son:

Genuinos: Hay una expresión que dice: "Di lo que realmente tienes en mente, dale sentido a lo que dices, y no seas cruel al decirlo"[14]. Ser genuino es ser auténtico y sincero -libre de apariencias, afectaciones e hipocresía-. Muchas personas crecen con padres u otras personas significativas en su vida, que no son genuinas. Debido a esto, sus personalidades y sus vidas están conformadas por una falta de confianza en los demás. Es fundamental que el terapeuta sea genuino con sus clientes.

Congruente: Ser congruente es lograr que lo que dices y lo que crees, corresponda con lo que haces. Lo contrario es hipocresía y envía dobles mensajes, tanto verbales, como no verbales. Los clientes a menudo reciben dobles mensajes de otros, como niño o como adulto, en los cuales las palabras no coinciden con otras palabras, o las palabras no coinciden con las conductas. Cuando los clientes reciben mensajes claros, consistentes, de sus terapeutas, viven una experiencia nueva y sana en torno a la relación.

Perfección: El terapeuta no necesita ser perfecto. De hecho, resulta dañino que el terapeuta sea perfecto o que sea percibido como perfecto por los clientes. Es más real que el terapeuta cometa algunos errores con los clientes. Al asumir sus errores y corregirlos, los terapeutas muestran

14   Nota del traductor: La frase original en inglés: "Say what you mean, mean what you say, and don't be mean when you say it" es un juego de palabras, en el cual la palabra "mean" es utilizada primero en el sentido de intención (decir lo que tienes en mente), después en el sentido de dotar de significado (ser coherente con lo que se dice; darle sentido a lo que se dice), y finalmente, en el sentido de crueldad (no ser cruel al decirlo)

a los clientes que es normal cometer errores, y les enseñan cómo corregirlos. Es muy útil para los clientes experimentar este comportamiento con sus terapeutas. Esto libera a los clientes y les permite probar nuevas conductas, sabiendo que si cometen un error, no es el fin del mundo; pueden perdonarse y corregir en la medida de lo posible. Los clientes aprenden que no tienen que ser perfectos. Aprenden a ser congruentes consigo mismos. Experimentan sensaciones agradables y sentimientos positivos a partir de su propia congruencia. Aprenden las herramientas de comportamiento altamente funcional de las que se perdieron en la infancia, estando así mejor equipados para funcionar en el mundo.

Empáticos: Empatía es la habilidad de hacer a un lado los propios pensamientos, sentimientos y comportamientos al escuchar y reflejar al otro sus pensamientos, sentimientos y comportamientos. Es la habilidad de "caminar en los zapatos del otro", por decirlo de alguna manera. La habilidad de escucha propia de la empatía se conoce como reflejo o espejeo. La empatía no es algo que se le hace a alguien más, es una forma de ser con otra persona.

Cuando un cliente siente empatía por parte de su terapeuta, se siente seguro para expresarse libremente. Sabe que el terapeuta entiende su punto de vista. Sabe que el terapeuta está tratando de mirar a través de sus ojos y de ver lo que él ve sin juzgarlo negativamente. Al expresarse, el cliente puede deshacer o revertir cualquier represión del self que haya podido ocurrir o que esté ocurriendo. El cliente puede aclararse a sí mismo. A menudo, los clientes sienten gran alivio por el simple hecho de tener a alguien que escuche su versión de la historia sin interrupción. Disfrutan del espacio para hablar sin que alguien les pida pensar en el punto de vista del otro, sin ser juzgados negativamente, o sin que desechen o minimicen sus preocupaciones. La seguridad para expresarse puede permitir que las distorsiones que el cliente pudiera tener, se vuelvan evidentes. Al expresar y al darse cuenta, el cliente a menudo obtiene un insight que resulta en un cambio espontáneo.

Uso del juicio positivo y de la valoración: En las familias saludables, los padres valoran a sus hijos; hacen sentir a sus hijos que los valoran tal como son y simplemente por el hecho de existir. No tienen que ser o hacer nada especial. Cuando los hijos sienten que sus padres los disfrutan, lo internalizan y son capaces de disfrutar de sí mismos. Cuando los hijos se sienten aceptados a un nivel profundo por sus padres, son capaces de aceptarse a sí mismos a un nivel profundo.

Los terapeutas proporcionan estas experiencias de consideración positiva a sus clientes. Al menos a través de la terapia, estas experiencias pueden ser adquiridas; los clientes sienten cómo es ser valorados por ellos mismos. Cuando los terapeutas juzgan a sus clientes de manera positiva, la autoestima de sus clientes aumenta. Los clientes a menudo me dicen, "es seguro hablar contigo, porque no me juzgas". Yo les hago un reencuadre del juicio diciéndoles, "pero sí juzgo todo el tiempo, es sólo que te juzgo positivamente". Juzgar positivamente sigue siendo un juicio. Los clientes a menudo quedan sorprendidos ante la posibilidad de ser juzgados positivamente, y aprenden juzgarse a sí mismos de manera positiva.

Sintonización: Parte del desarrollo de una alianza terapéutica sólida consiste en la sintonía. Para sintonizar con el cliente, el terapeuta le presta atención en todo nivel, a tal grado, que sabe y comprende sus puntos de vista, y percibe sus pensamientos, sentimientos y comportamientos. Capta sus señales y resuena con su experiencia. El terapeuta puede o no estar de acuerdo con sus percepciones, sin embargo, ve el mundo a través de sus ojos. El cliente experimenta la sensación de ser visto y conocido por su terapeuta de un modo íntimo (no sexual). Ambos experimentan un sentido de armonía y unidad con el otro en el proceso terapéutico.

En el trabajo con Dos-Tús, sintonizar con el cliente facilita el trabajo, pues el terapeuta es capaz de anticipar qué sucede con el cliente, tal vez incluso antes de que el cliente mismo sea consciente de ello, y así, puede llevar el trabajo a un nivel más profundo. Por ejemplo, por la conducta de un Self Experiencial, el terapeuta puede detectar cuando el Crítico se desplaza de una parte del self a uno de los padres, un profesor u otra persona significativa en la vida del cliente.

Ejemplo:

El terapeuta detecta que el cliente se ha desplazado de la división Self-vs-Self a la división Self-vs-Otro.

Cliente: (como SE) (en silencio, mirando fijamente al piso)

Terapeuta: (tras una larga pausa) Te ves abatido.

Cliente: (asintiendo ligeramente con la cabeza)

Terapeuta: Supongo que esa parte tuya (el Crítico) dejó de ser tú. Supongo que es tu abuelo.

Cliente: (asiente más con la cabeza y sus ojos se ponen brillosos)

Terapeuta: (en voz baja y gentilmente) Viene a mi mente el recuerdo de tu abuelo y el helado, y lo que te sucedió ese día.

Cliente: (asiente vigorosamente con la cabeza y derrama lágrimas libremente)

Terapeuta: (en voz baja y gentilmente) Sólo quédate con esta experiencia y respira.

El trabajo continúa...

El terapeuta puede bloquear la sintonía al:

Hablar mucho

Cuando el terapeuta habla mucho, interfiere con el trabajo. No puede sintonizar con el cliente si está más enfocado en lo que sucede con él, que en lo que sucede con el cliente. El papel del terapeuta es preparar el escenario, guiar el trabajo, y quedarse tanto como sea posible en el contexto. El rol del terapeuta es quitarse del camino de cliente para que éste pueda enfocarse en sus propios conflictos. Existe un momento para intervenir, y otro para permanecer en el fondo, aunque todo el tiempo, a cargo del proceso. Mientras más conoce la teoría el terapeuta, mientras más confía en el proceso, desarrolla sus habilidades, y tiene acceso a su propia experiencia, más capaz será de sintonizar con el cliente y de saber cuándo hablar y cuándo callar. Sé cuando he hecho una buena labor con el cliente cuando me dice que sabía que yo estaba ahí, y sin embargo, fue como si yo no hubiera estado.

Olvidar desplazarse del contenido, al proceso.

Cuando el terapeuta queda envuelto en el contenido de la "historia" del cliente y se centra únicamente en el contenido del diálogo, en vez de enfocarse en la calidad de la relación entre ambas partes, el trabajo se estanca. La parte más importante del diálogo es la manera en que afecta la interacción entre los aspectos opuestos del self, no el contenido. Algunas historias son fascinantes y de vez en cuando alguna historia me "atrapará" y me desviará del proceso.

Tener intenciones ocultas frente al cliente

Los terapeutas tienen necesidades profesionales de competencia, ganarse la vida, y ayudar. Sus propias necesidades de intimidad, calidez, consuelo, sexo y estímulo no deben ser satisfechos a través de, o con los clientes.

Tanto el terapeuta como el consultante tienen necesidades en la relación. Manteniendo los límites apropiados, la meta del terapeuta es satisfacer las necesidades del cliente, no las propias. Es imprescindible que los terapeutas satisfagan sus necesidades personales a través de otras personas, no de sus clientes.

> *Los terapeutas no deben tener más intención para sus clientes, que facilitar su sanación y su crecimiento personal.*

Como se mencionó en el capítulo 7, una vez que se aprende que el Crítico necesita ablandarse para pasar a la siguiente etapa, se tiende a apresurar al Crítico para que se ablande y se agilice el proceso. Sin embargo, esto suele resultar contraproducente y retrasa el trabajo. Cuando un terapeuta tiene intenciones ocultas, agrava el problema del cliente. Si el cliente piensa o intuye que el terapeuta tiene un plan para él, deja de sentirse libre para explorar su propio camino. Tiene que preocuparse por la posibilidad de sentir rechazo o desaprobación por parte del terapeuta si acaso no responde a esos planes que el terapeuta tiene para él. Cuando esto sucede, el cliente siente confusión. En muchos casos, esto resultará familiar para el cliente, quizá una repetición de sus padres teniendo planes para él.

Los terapeutas no pueden tener ninguna otra intención para sus clientes que la de facilitar su sanación y su crecimiento personal. La supervisión es una forma productiva en la cual los terapeutas pueden distinguir entre sus propias intenciones y las que tienen con sus clientes.

El Terapeuta como Recipiente

*Sollozando, **Derek**, de 6 años de edad, llegó corriendo al cuarto donde su padre estaba viendo la televisión. Su padre lo tomó y lo contuvo mientras lloraba descontroladamente. Su padre no sabía qué le había sucedido a Derek, pues éste lloraba demasiado, y no podía decirle. Así que simplemente lo sostuvo y lo dejó llorar profundamente. Sus sollozos venían en oleadas y gradualmente se fueron sosegando. Derek fue capaz de contarle a su padre lo que había sucedido. El tío de Derek le había prometido llevarlo a pasear en su motocicleta. Derek había entrado a la casa para ir al baño antes de partir. Cuando salió, su tío se había marchado. El papá de Derek empatizó con él, validó su desilusión, lo consoló y le dio alivio. Como tuvo la posibilidad de expresar completamente sus emociones, Derek pronto se calmó. Hablaron sobre lo que podría hacerse en esa situación.*

El padre de Derek actuó como un recipiente para los sentimientos intensos de su hijo. Derek podría expresar su desilusión a profundidad, pues se sentía seguro en los brazos de su padre. Sabía que alguien más grande estaba a cargo. Esto le permitía expresar su dolor por completo. Se recuperó rápidamente de la herida.

Cuando los adultos están lidiando con sus sentimientos por su cuenta, necesitan ser el recipiente y al mismo tiempo, necesitan expresar sus sentimientos. Si los sentimientos no son demasiado intensos, pueden hacerlo. Cuando las personas están sintiendo dolor emocional, pueden tener miedo de expresarse completa y profundamente, especialmente si no saben o no están seguros de lo que sienten. Suele suceder que las familias y los amigos se asustan ante el dolor sus seres queridos y no pueden lidiar con sentimientos intensos ellos mismos. Para no asustar o preocupar a los demás, las personas reprimen la expresión. Las personas, por temor a ser juzgadas como débiles o tontas, guardan sus emociones y sufren las consecuencias. Una emoción enterrada no puede ser procesada de forma consciente, por lo que sigue dirigiendo las conductas de forma poco saludable.

En terapia, el terapeuta actúa como recipiente de emociones. El terapeuta no tiene que actuar físicamente como contenedor, como lo haría un padre con su hijo. El simple hecho de estar en presencia de un terapeuta es ya contenedor. Cuando guía a los clientes en la expresión de sus emociones, el terapeuta está actuando como recipiente. El cliente no tiene que preocuparse por el impacto de sus emociones en el terapeuta. Puede recibir ayuda del terapeuta para clarificar cuál es la emoción que está sintiendo, y expresarse completa y profundamente, sabiendo que hay alguien competente a cargo.

Cuando las emociones del cliente son intensas, suelen sentir temor de perder el juicio o de perder el control de algún modo. Ocasionalmente, los consultantes experimentan sensaciones que les hacen sentir como si fueran a desintegrarse, hacer implosión o dejar de existir de alguna forma. A veces, los clientes viven sus sentimientos como si éstos fueran más grandes que sus propios cuerpos. Para la mayoría de la gente, es demasiado difícil vivir estas experiencias intensas por sí solos. Con el terapeuta, el cliente puede permitirse la expresión, sabiendo que no está solo. La presencia del terapeuta actúa como contenedor para las emociones del cliente, haciéndolas tolerables, aunque sean tan atemorizantes e incómodas. El terapeuta también actúa como recipiente cuando asegura al cliente que está bien, y que la intensidad de lo que siente se encuentra dentro del rango de la normalidad.

El cliente necesita confiar en que el terapeuta podrá, tanto acoger la expresión de esos sentimientos, como contenerlos. Cuando el cliente, durante la expresión, se siente contenido emocionalmente por el terapeuta, puede permitirse soltarse y expresarse de forma más completa de la que hasta entonces lo

La expresión profunda y total facilita la sanación emocional.

hubiera hecho. Éste es normalmente un territorio emocional nuevo para el cliente. La expresión completa y profunda facilita la sanación emocional. Cuando el cliente es capaz de expresar completamente sus pensamientos, creencias y sentimientos más profundos, en la presencia de un terapeuta confiable, competente y preocupado, sana emocionalmente. Experimenta aceptación por parte del terapeuta, una persona significativa con una posición de poder, a un nivel profundo medular. Esta calidad de contacto le ayuda a aceptarse a sí mismo a este nivel. Tener esta experiencia con el terapeuta le brinda al cliente una nueva experiencia. Ahora el cliente ha cambiado; es más capaz de lidiar con la intimidad emocional. El cliente experimenta un crecimiento personal.

Contacto físico

No es necesario tener contacto físico con el cliente para contenerlo durante la sesión. El terapeuta, siendo un instrumento, transmite al cliente la sensación de ser contenido. Esto da seguridad al cliente. La conducta no verbal del terapeuta -su tono de voz, la forma en que se sienta cerca del cliente, y el cuidado que siente hacia él, son todos expresados en el campo que los rodea a ambos-. El sentido de intuición del terapeuta le dirá si debe tocar o no -si tener o no contacto físico-. Hay ocasiones en las que es terapéutico hacerlo (como cuando un terapeuta necesita regresar al presente a un paciente que se disocia). De ser así, debe preguntar al cliente si está bien para él que lo toque y respetar la respuesta. El cliente esté muy vulnerable en ese momento.

Ejemplo:

El cliente está sollozando

Terapeuta: (se siente impulsado a dar apoyo físico al cliente) Quisiera pasarme junto a ti y tocar tu espalda. ¿Estaría bien para ti?

Cliente: (aún sollozando, asiente con la cabeza) El terapeuta se pone junto al cliente y suavemente frota la espalda del cliente.

Terapeuta: (sabiendo que el cliente se siente muy solo) Es difícil estar tan solo con esto.

El sollozo del cliente va disminuyendo.

El terapeuta regresa a su lugar original.

El trabajo continúa...

El terapeuta como educador

> *Los clientes tienden a lidiar con sus emociones en vez de procesarlas.*

La mayoría de los clientes necesita información acerca de cómo una emoción es creada y procesada. Una vez que tienen una mejor comprensión de qué es lo que sucede dentro de sus cuerpos y de sus mentes, y qué es lo que pueden hacer al respecto, sienten alivio y mayor control.

Lo que el cliente necesita saber

Las emociones aparecen en oleadas. Cuando respiras a través de cada oleada, tal como viene, la ola naturalmente llegará a su pico más alto y caerá. Al principio, las olas pueden parecer grandes e intensas, pero a medida que respiras mientras pasan, éstas se van haciendo más y más pequeñas, hasta que ya no queda ninguna. La emoción es procesada. No queda ya ninguna emoción que manejar.

Los problemas se presentan cuando el cliente se asusta por su intensidad, y sostiene el aliento o respira superficialmente. Esto impide que las olas asciendan e incrementa la tensión en el cuerpo. El cliente empieza a preguntarse qué sucede -"Voy a explotar", "Me va a dar un infarto", o "Hay algo [terriblemente] malo conmigo" -asustándose más, creando un círculo vicioso-. Se siente fuera de control. La emoción original no puede ser procesada.

El mareo es causado por un aumento de oxígeno en el torrente sanguíneo. Los clientes necesitan que se les asegure que es un efecto secundario normal de la respiración profunda y del llanto profundo.

Ejemplo: El terapeuta da consuelo físico al cliente

Cliente: (empieza a sollozar profundamente)

Terapeuta: (educa con respecto al proceso) Respira a lo largo de la emoción. (pausa) Bien. Viene en oleadas -respira a través de cada ola conforme venga-.

Cliente: (solloza más)

Terapeuta: (entre los sollozos) Eso es. Respira. (pausa) Puede ser que sientas mareo -es sólo el oxigeno de la respiración profunda-.

Cliente: (sostiene la respiración)

Terapeuta: (nota que el cliente aguanta la respiración) Respira. (pausa) Respira. Sostener tu respiración impide que la ola evolucione.

Permítete llorar por completo. Suéltalo.

Terapeuta: (entre los sollozos) Bien. Respira. (pausa) Estás haciéndolo bien.

El trabajo continúa...

La fisiología de la ansiedad/miedo y excitación

En una división del Self-vs-Self en la que el cliente se asusta a sí mismo, el cerebro se pone en modo de peligro. Envía un mensaje a las glándulas suprarrenales, que están arriba de los riñones, para que bombeen adrenalina al torrente sanguíneo. La adrenalina ayuda a que los músculos se muevan, para que el cliente pueda protegerse mediante los instintos de supervivencia de lucha, huída o parálisis (hasta que el peligro pase y entonces prepararse para luchar o huir, si es necesario). La adrenalina hace que el corazón lata más rápido y crea sensaciones de miedo y ansiedad en el cuerpo. Si la persona no se mueve, sus músculos se sacudirán por la adrenalina hasta que ésta sea procesada por el cuerpo. Las circunstancias suelen no representar una amenaza para la vida, sin embargo, el cerebro y el cuerpo actúan como si lo fueran.

El entusiasmo es similar. La adrenalina es bombeada al torrente sanguíneo y los músculos quieren moverse. La conducta típica, al estar emocionado, es saltar, agitando manos y brazos. Cuando no están acostumbrados a esto, los clientes suelen sentirse confundidos ante el entusiasmo. Frecuentemente se preguntan si hay algo mal en ellos, cuando simplemente están emocionados.

Ejemplos:

El cliente se siente víctima de sus emociones

Cliente: (temeroso) Me pongo tan ansioso con solo pensar en hacer una presentación. Sé que no debería, pero no puedo evitarlo.

Terapeuta: (inicia el Trabajo con Dos-Tús) Te estás asustando a ti mismo. Te dices cosas que hacen que tu cerebro piense que hay peligro, y envía mensajes a tu cuerpo para que bombee adrenalina a tu torrente sanguíneo. Vamos a trabajar con esto. La única cosa que puedes cambiar es tu relación contigo mismo. Vamos a descubrir cómo te asustas a ti mismo, cómo te provocas ansiedad.

El trabajo continúa...

El cliente se siente fuera de control

Cliente: (preocupado) Ahora mismo estoy temblando. No puedo detenerme.

Terapeuta: (modela temblor de manos y piernas) Es solo la adrenalina en tu cuerpo. Hace que los músculos quieran moverse. Como no te estás moviendo, los músculos están temblando. No trates de detenerlo. Sacúdelos más. Puedes caminar alrededor de la habitación, si gustas.

Cliente: (aliviado) (sacude manos y piernas como el terapeuta)

El trabajo continúa...

El terapeuta como instrumento

Al aprender cualquier cosa, hay una curva de aprendizaje. Lo mismo sucede al aprender el Trabajo con Dos-Tús. Una cosa es saber la teoría y otra, aplicarla eficazmente con los clientes. Y otra cosa más es ser capaz de relacionarse fácilmente con los clientes, pero no saber cómo basar las intervenciones en la teoría para que el trabajo con los clientes sea productivo y constructivo.

> Ya no pienso en dónde pegarle a la pelota, ésa simplemente se va para allá. -Roger Federer, ganador de 16 torneos de tennis Grand Slam

Se requiere paciencia al aprender el Trabajo con Dos-Tús. Al principio, hay mucho que aprender y se requiere de mucha práctica. Los terapeutas necesitan aprender la teoría y las habilidades y gradualmente integrarlas en su persona. Los terapeutas aprenden cometiendo errores. También aprenden cuando queda atorado su trabajo y tienen que descubrir por qué. Cuando los terapeutas tienen éxito al ayudar a sus clientes a alcanzar la Integración, son capaces de trabajar de manera más espontánea, confiando en el proceso.

En la etapa de aprendizaje, los terapeutas piensan mucho en lo que hacen, lo que vuelve el trabajo algo mecánico y torpe. La efectividad del Trabajo con Dos-Tús hace que tanto el terapeuta como el consultante queden inmersos en el trabajo, lo cual ayuda a superar la incomodidad del proceso. Asimismo, al mejorar las habilidades del terapeuta, el trabajo empieza a fluir de forma natural.

Los buenos músicos son aquellos que han aprendido los aspectos técnicos de la música, que han perfeccionado sus habilidades al tocar sus instrumentos, y entonces pueden interpretar la música de manera única. Los buenos atletas aprenden los aspectos técnicos de su deporte, perfeccionan sus habilidades al llevarlo a cabo, y practican el deporte con su propio estilo. Lo mismo sucede con los terapeutas. La tarea del terapeuta es integrar la teoría y las habilidades con quién es él como persona. Y cuando lo hace, no está haciéndole algo al cliente, sino que está siendo con el cliente su propio modo de ser. Todo su conocimiento sobre la teoría y todo su conocimiento técnico sobre las habilidades están presentes como fondo en su mente, guiándole a través de su trabajo sin tener que pensar conscientemente en ello.

Cuando enseño el Trabajo con Dos-Tús, estoy en una parte de mi cerebro, y cuando trabajo con clientes, estoy en otra parte distinta de mi cerebro. Mientras trabajo con clientes, no pienso en la teoría. Después, cuando lo expongo a mis alumnos, explico lo que hice y por qué lo hice, en términos teóricos.

Cambiando de cerebros

Recuerdo vívidamente la prueba de que cuando trabajo con mis clientes, estoy operando desde un lugar distinto de mi cerebro.

Cuando enseño el Trabajo con Dos-Tús, empiezo con una exposición de la teoría y la habilidad que me dispongo a enseñar. Después, le pido a los alumnos que se reúnan en grupos de dos o tres, y que practiquen lo que acabo de enseñarles. Mientras practican el uno con el otro, camino y observo. Intervengo y enseño cuando lo considero necesario. Entonces, reúno a todo el grupo nuevamente, y discutimos y abrimos lo que experimentaron, y respondo sus preguntas. Hago una demostración del trabajo con un cliente al finalizar la sesión.

En una ocasión, mientras caminaba por el salón supervisando, un estudiante me preguntó sobre la manera de aplicar una determinada habilidad. No puedo recordar cuál era. Le expliqué cómo hacerlo. Me pidió que le hiciera una demostración. Nadie me había pedido eso antes. Lo pensé por un momento, y lo hice. Me tomó como 20 segundos demostrarla. Me puse en el rol del terapeuta, llevé a cabo esa habilidad, y salí de mi rol. Encuentro difícil poner en palabras lo que experimenté. No me dolió. No fue angustiante, pero no me sentí bien al haberlo hecho tan rápido. Sentí que me desplacé de una parte de mi cerebro a otra, y luego de regreso. Ahí fue cuando me convencí de que cuando trabajo con clientes, lo hago desde otra parte de mi cerebro.

Para ser un instrumento al trabajar con los clientes, el terapeuta necesita haber llevado, o estar llevando un trabajo personal propio (terapia). Esto ayuda a que el terapeuta mantenga la claridad entre sus propios asuntos y los de su cliente. Si al trabajar con un cliente, un asunto del terapeuta surge, resonará con él y será consciente de si el asunto es suyo o si se relaciona con el cliente. Cuando el terapeuta aclara sus propios asuntos, es capaz de accesar con mayor claridad a su propio modo interno de responder al cliente en el momento. Pueden permitir que ese modo interno de responder fluya a través de pensamientos e intervenciones con el cliente, sabiendo y confiando en que el asunto tiene que ver con el cliente y no con ellos mismos. De esta manera, el terapeuta desarrolla su intuición a un nivel más profundo.

De nuevo, el terapeuta no tiene que ser perfecto, ni debe serlo. Si el terapeuta dice o hace algo con lo que el cliente no siente conexión, puede ser porque el asunto tiene que ver más con el terapeuta que con el consultante, así que puede dejarlo ir. O, puede ser porque el cliente no está listo para reconocer esto como su propio asunto en ese momento. Si el cliente no está listo para asumir eso, es mejor que el terapeuta también lo deje ir. Quiere decir que esa intervención, o no es apropiada, o es prematura. Si es un asunto real, hará figura una y otra vez en la terapia. El terapeuta sabe que surgirá de nuevo. Mientras más desarrollada esté la intuición del terapeuta, mejor sintonía se establecerá entre el terapeuta y el cliente y menos falta de sintonía.

De esta forma, el terapeuta es en sí mismo un instrumento. Cuando aparezcan en la consciencia del terapeuta pensamientos, imágenes, metáforas, sensaciones, corazonadas o sentimientos, resonará con ellos y los desechará si son parte de sus propios asuntos, o si no son apropiados, de manera que quede el camino libre para que surjan otros. Todo esto puede suceder en segundos. Conforme va disminuyendo el paso de la terapia, tanto el terapeuta como el cliente intuitivamente co-crean el trabajo, con el terapeuta guiando el proceso.

A lo largo de los años, he aprendido a confiar en lo que surge en mi consciencia durante el trabajo. Quizá no entienda o no sepa por qué pienso/siento eso; sólo sé que es probable que se relacione con el trabajo. Comparto esto con el cliente (a menos que sepa que es mi propio asunto). Si el cliente no resuena con lo que digo, lo dejo ir.

Ejemplos:

El terapeuta tiene una imagen

Cliente: (como SE) Quiero tomar este programa. Me siento realmente bien por haber sido aceptado. Me siento emocionado por eso.

Terapeuta: Cambia lugares.

Cliente: (como el Crítico, con menosprecio al SE) Vaya que sabes pavonearte como pavo real.

Terapeuta: (se forma una imagen en su mente) Cambia de lugares de nuevo. (pausa) Acabo de ver un globo rojo brillante siendo ponchado con un alfiler.

Cliente: (como SE) (rompe en llanto) Esto me sucede todo el tiempo. Cuando las cosas van bien...

Terapeuta: (amablemente) (cliente llora un poco) Regresa de nuevo acá y sé el alfiler. Háblale al globo grande que está ahí mientras vas a poncharlo.

El trabajo continúa...

El terapeuta tiene sensaciones

Cliente: (al terapeuta) Después de ese trabajo que hicimos la semana pasada acerca de mi padre, hablé con él de cómo me abruma todo el tiempo. Me sorprendió su respuesta. No se enojó. No se ofendió. Me dijo que no sabía que yo me sentía así. Me dijo que lo sentía. Fue la primera vez que me responde así.

Terapeuta: (se le eriza la piel de los brazos) Me pone la piel de gallina escuchar eso. ¡Es asombroso!

El trabajo continúa...

El terapeuta recuerda una experiencia

Cliente: (como Crítico duro en la silla, al SE) Nunca la harás como fotógrafo. No tienes el talento. No te lo puedes permitir. Tus fotos son basura. Nunca obtendrás un trabajo. Te morirás de hambre si renuncias a tu trabajo.

Terapeuta: (recuerda haber estado en la costa oeste de la Isla de Vancouver y haber notado cómo los árboles eran moldeados por el viento que prevalecía). Cambia de lugar.

Terapeuta: (al SE) Una y otra vez se abalanza sobre ti como viento constante. ¿Cómo es para ti?

Cliente: (como SE al terapeuta) ¡Es horrible! ¡Nunca se detiene!

Terapeuta: (al SE) ¿Has estado alguna vez en la Costa Oeste de la Isla de Vancouver? (el cliente asiente) ¿Has notado cómo los árboles que están a la orilla de la playa son pequeños y deformados por el viento prevaleciente? Los que están detrás de los primeros son más altos porque tienen un poco de protección contra el viento, y los que están atrás de ésos, son aún más altos, pues tienen más protección. (pausa) Bueno, necesitas un rompevientos ante esa parte tuya. Tal vez no puedas impedir que siga soplándote, pero podemos encontrar una manera de crear un rompevientos para que no tenga impacto en ti. Vamos a crear uno.

El trabajo continúa...

Otros ejemplos:

a) Tengo una corazonada sobre lo que está sucediendo. Permíteme planteártela.

b) Me estoy sintiendo triste. (no hay nada en la vida del terapeuta por lo cual sentirse triste) Me pregunto si tú estás sintiéndote triste.

c) Cuando dices eso, me viene esta imagen tuya estando de pie, bajo una cascada, luchando por encontrar aire para respirar.

En cada uno de los ejemplos anteriormente expuestos, el terapeuta recurre a su propia experiencia mientras trabaja con el cliente. Distintos terapeutas tendrán distintas experiencias con sus clientes -distintas respuestas y reacciones- creando interacciones únicas.

La recompensa del terapeuta

Cuando los terapeutas se involucran con los clientes, se vuelven un instrumento. Están trabajando desde esa parte del cerebro que sintoniza con el cliente y que percibe el proceso. De hecho, deja de ser trabajo -es creativo y divertido-. Soluciones innovadoras se desarrollan a raíz del trabajo. Es estimulante, más que agotador. El terapeuta está creando en el momento -fluyendo- completamente sintonizado con el self y con el cliente. La competencia y la efectividad se maximizan.

Resumen

Este capítulo trató sobre los distintos roles que los terapeutas asumen durante su trabajo con los clientes -aliado, modelo, contenedor, educador e instrumento. La habilidad del terapeuta para trascender la teoría y las habilidades, así como la consciencia de sus propios pensamientos, sentimientos, imágenes y sensaciones, le permite fungir como instrumento al sintonizar con el cliente y guiarlo a lo largo del trabajo. Se apoya la idea de que el terapeuta modele para sus clientes que los errores son inevitables, y que repararlos es, casi siempre, posible. Además, el capítulo dio indicios de cómo y en qué momento tocar a los clientes y educarlos sobre la fisiología de sus emociones. Finalmente, habló de divertirse y disfrutar el trabajo.

Elogios para El Trabajo con Dos-Tús

"Excelente trabajo. La Dra. Mackay conoce cada matiz de lo que podría pasar o si no, de cómo proceder de otra manera. ¡Me encantó leerlo! Es un extraordinario trabajo que explora y elabora sobre la consagrada aproximación Gestalt, el experimento de las Dos-Sillas, ayudando a que los clientes sinteticen indecisiones personales, ambigüedades y procesos complejos. El libro de Mackay describe los muchos matices el trabajo con la división del "perro de arriba/ perro de abajo", el Yin y el Yang de la personalidad de cada quien, que rara vez se enseña con tanto detalle. Este libro es una referencia que debería estar en el librero de todo clínico (yo incluido), y para los terapeutas inexpertos, como inspiración para enriquecer su práctica profesional y para su crecimiento personal"

-Helga M Genannt Matzko MA; CAGS. Terapeuta, Instructora, Coach de vida certificado por la ICF, Fundadora y Directora del Instituto de Gestalt de Rhode Island, USA

"Me entusiasma mucho presentar el libro de Bea Mackay a mis alumnos, ya que es maravillosamente claro y fácil de entender. Su libro simplifica el concepto, lo cual lo hace un vehículo excelente con el cual enseñar el Trabajo con Dos-Tús"

-Nancy Bristol, MSW, LCSW, DCSW, psicóloga con práctica privada en NJ, USA. Fundadora y Directora del Centro de Entrenamiento Gestalt de Nueva Jersey.

"El libro de Bea Mackay ofrece una necesaria bocanada de aire fresco para revivir una importante, y recientemente poco utilizada, técnica de Terapia Gestalt. Escrito en un estilo digerible para un amplio rango de practicantes del área de la salud mental, los terapeutas ahora tienen la oportunidad de unificar las divisiones que suelen encontrar en tantos clientes que acuden solicitando su ayuda."

-Jack Aylward, EdD. Director del Plainfield Consultation Centre New Jersey, USA.

"Este libro es un manual, y para mí, eso es algo bueno. Cuando escucho la palabra "manual", se me hace agua la boca porque significa que no sólo recibiré teoría; voy a obtener indicadores, sugerencias, y dirección para mi trabajo. He estado haciendo el Trabajo con Dos-Tús por 30 años, sin embargo, el manual de la Dra. Mackay ha incrementado y mejorado inmensamente no sólo el trabajo que hago, sino que también ha mejorado mi comprensión sobre el trabajo. ¡Una tremenda adquisición para la biblioteca de la Terapia Gestalt!"

-Bud Feder, PhD. Psicólogo con práctica privada en NJ, USA. Antiguo presidente de la AAGT y del Instituto de Terapia Gestalt de Nueva York.

"Me alegra que la Dra. Bea Mackay haya escrito este libro. Muy a menudo el Trabajo con Dos-Sillas ha sido enseñado como una técnica, o como el total de la Terapia Gestalt, pero sin comprender cómo encaja con la teoría y la práctica de este enfoque. Lo que la Dra. Mackay ha logrado es producir un informe utilizable del método que honra su origen en una teoría del self relacional y de polaridades. Mientras que hay ciertas áreas que discutiría con Dra. Mackay (¡y que ya lo he hecho!), no tengo ninguna duda en recomendar este libro como una importante aportación a la literatura formativa."

-Peter Philippson, M. Sc. Miembro fundador, Manchester Gestalt Centre, UK. Miembro en pleno derecho, New York Institute for Gestalt Therapy

"Conciso, e invaluable, este volumen señala la manera de entender el proceso terapéutico a un nivel más profundo y haciendo un mejor trabajo. Guía al terapeuta en el uso del método y aborda preguntas potenciales y problemas de una manera muy práctica, aterrizada. Felicidades a la Dra. Mackay por esta maravillosa propuesta."

-Victor Daniels, PhD. Profesor Emérito de psicología, Sonoma State University, USA.

www.ingramcontent.com/pod-product-compliance
Lightning Source LLC
Chambersburg PA
CBHW051257020426
42333CB00026B/3243